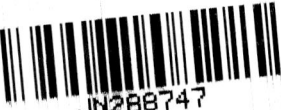

福祉ボランティア論

三本松政之・朝倉美江［編］

ARMA
有斐閣アルマ
Basic

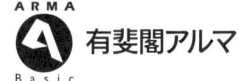

はしがき

ボランティアの魅力とはなんだろうか。それは自分から他者とのかかわりをつけていくことに見いだされるように思う。他者へのかかわりをつけることは，ちょっとしたリスクにもなる。もし，かかわらなければ，しなくてよかった苦労をすることになるかもしれない。ではなぜそこから魅力が生まれてくるのだろうか。躊躇し，後悔しつつ，でも自分で引き受けたことだからこそ，難しい状況に立ったときには自分と向きあうことになる。それまで気がつかなかった自分を発見することになるかもしれない。どうしても変えることのできなかった自分を変えることができるかもしれない。人のためと思っておこなったことが新しい自分を発見する機会となるとしたら，さらに新たな自分との出会いを期待するのではないだろうか。

人は人とのかかわりのなかで生きている。福祉はそのような人びとの生活の営みを支える役割を担うものである。そして福祉ボランティアは，かかわりのなかで生きる人びとの生への切実な思いに気づき，それに応えて個々人の生の営みを支える，その1つのあり方として現代社会のなかに位置づく。福祉ボランティアは多様な生の場にかかわる。

ここでのボランティアとは，困難な立場におかれた人との出会いをきっかけに，その人びとの置かれた状況の改善のためのつながりをもつことを自発的に選択し，行動する人びとないしはその人びとの活動を意味する。その活動において福祉ボランティアは現代社会のなかで差別，排除される人びとの側に立つであろう。

そしてその出会いに至るまで気がつかずにいた，自分自身も排除する側にいたのかもしれないという思いや，自分もまた排除される側に立つかもしれないという思いをもつのではないか。そのような思いは，気づきを抱いた人びとを，同じ思いを共有する人びとともに，現代社会を１人ひとりの尊厳が尊重される社会へと変えていくための行動へと導いていくであろう。

しかし，その行動において生み出される関係が一方向的な支援関係ではないことを確認しておきたい。福祉ボランティアは，生の場にともに〈ある〉こと，そしてそこでのかかわりをとおして，固有の生がその営みのために必要としていることに気づくとともに，実は自分の生のあり方にも気づくことができるのである。ここで気づきが大事なのは，それが支え－支えあう関係の基礎をなすからである。人びとは，日々の暮らしにおいて多様な生活の場をもち，その都度の場を生きるなかで意識的，選択的につながりを生み出していかざるをえなくなっている。このような形式的なつながりの契機は多様にある。だがそのような契機がもたらす場は，自らへの意味付与と結びつく場ではかならずしもない。したがって，ここで言うつながりとは，他者との相互の承認を基盤とした支援関係を意味し，信頼を見いだすことのできる場でもある。そしてそれはつねに相互行為の過程として変化しつづける場である。だからこそ，不安や戸惑いも生じる。

そのような場合にどうしたらよいのか，それをこれまでに培われてきた実践知に探りたい。しかし本書はボランティア活動のマニュアル的な知識やハウ・ツウを提供するものではない。その意図するところは，自らの気づきをもとに活動を始めたり，さまざまな困難な課題を抱えつつ活動を継続していこうとしたりするときに，活動のよりどころとなるような〈臨床の知〉の構築に寄与することにある。そのためのボランティアにかかわる理念，原則，そしてそれらを基盤とした考え方を提供したい。そのような本として本書を読み込んでいただきたい。ときには，1人では読み解くことの難しいところもあるかもしれない。そのときにはともに〈ある〉人びとと読み解いていただければと思う。

本書の編集・執筆の機会を提供してくださった有斐閣編集部の松井智恵子さんは，編集の各段階でも率直かつ的確なコメントをくださり，また堀奈美子さんは時間的に厳しいなかでの校正にもかかわらず細やかなご配慮をいただいた。編集の過程であったいくつかの問題をのりこえて，何とか編者としての役割を果たすことができたのはお2人のおかげである。記して感謝を申し上げます。

2007年8月

三本松　政之
朝　倉　美江

執筆者紹介（執筆順，＊は編者）

＊三本松《さんぼんまつ》　政之《まさゆき》　〔第 **1** 章，第 **2** 章，第 **6** 章〕

立教大学コミュニティ福祉学部教授

主著：「コミュニティ臨床社会学」岡田徹・高橋紘士編『コミュニティ福祉学入門』有斐閣，2005 年，『地域社会学講座第 3 巻　地域社会の政策とガバナンス』（共編）東信堂，2006 年。

西村《にしむら》　裕美《ひろみ》　〔第 **3** 章〕

前・立教大学コミュニティ福祉学部教授

主著：『小羊の戦い——17 世紀クェイカー運動の宗教思想』未來社，1998 年，『韓国フェミニズムの潮流』（編訳）明石書店，2006 年。

石川《いしかわ》　久仁子《くにこ》　〔第 **4** 章〕

大阪人間科学大学人間科学部准教授

主著：「小地域における NPO 法人による福祉コミュニティ形成——インナーシティにおける新しいコミュニティ実践モデルの可能性」『地域福祉研究』32 号，2004 年，「セツルメントにおけるコミュニティへのアプローチの変容と現代的意義——賀川記念館と石井記念愛染園を事例に」『日本の地域福祉』第 18 巻，2005 年。

＊朝倉《あさくら》　美江《みえ》〔第 **4** 章，第 **7** 章，第 **8** 章，第 **9** 章，第 **10** 章，第 **11** 章〕

金城学院大学人間科学部教授

主著：『生活福祉と生活協同組合福祉——福祉 NPO の可能性』同時代社，2002 年，『高齢社会と福祉』（編著）ドメス出版，2004 年。

天田《あまだ》　城介《じょうすけ》　〔第 **5** 章〕

中央大学文学部教授

主著：『〈老い衰えゆくこと〉の社会学』多賀出版，2003 年，『老い衰えゆく自己の／と自由——高齢者ケアの社会学的実践論・当事者論』ハーベスト社，2004 年。

門《かど》　美《み》由《ゆ》紀《き》　〔第 **6** 章〕

東洋大学人間科学総合研究所客員研究員

主著：「インクルージョンの視点からみた外国籍住民への生活支援」『ソーシャルワーク研究』30 巻 4 号，2005 年，「外国籍住民の生活課題への臨床福祉的アプローチ（その 2）——岐阜県美濃加茂市・可児市を事例に」（共著）『立教大学コミュニティ福祉学部紀要』9 号，2007 年。

西山《にしやま》　志《し》保《ほ》　〔第 **12** 章〕

立教大学社会学部教授

主著：「公共サービスをめぐる市民活動団体の戦略」『地域社会学講座第 3 巻　地域社会の政策とガバナンス』東信堂，2006 年，『ボランティア活動の論理』改訂版，東信堂，2007 年。

文《むん》　貞《じょん》實《しる》　〔第 **13** 章〕

東洋大学社会学部教授

主著：「被災コミュニティと在日韓国・朝鮮人の復興戦略」岩崎信彦ほか編『阪神・淡路大震災の社会学』第 3 巻，昭和堂，1999 年，「女性野宿者のストリート・アイデンティティ——彼女の『無力さ』は抵抗である」狩谷あゆみ編『不埒な希望——ホームレス／寄せ場をめぐる社会学』，2006 年。

Information

本書の特徴　現代の多様な福祉ボランティアについて，実際の取り組みや多くの事例を紹介しながら，わかりやすく論じたテキストです。ボランティアについてあまり知らない人はもちろん，ボランティア活動に関心をもつ人，実際にボランティア活動をしている人も，この本を読んであらためて福祉ボランティアについて考えてみてください。

本書の構成　全体は3部からなっています。第Ⅰ部では，ボランティアのこれまでのあゆみなどを振り返りながら，今あらためてボランティアについて論じる意味を探り，第Ⅱ部では，「つながり」を1つのキーワードとしながら，人びとのかかわりのなかから生まれてくるボランティアのあり方を明らかにします。そして第Ⅲ部では，新しい取り組みなどを紹介しながら，これからの福祉ボランティアについても考えます。

各章の構成　各章は，本文の内容と関連する写真や絵を使ったイントロダクション，本論，引用・参考文献，コラム，という構成になっています。

キーワード　本文中のとくに重要な語句は，キーワードとしてゴシック体で表しています。

コラム　各章末には，本論では述べきれなかったボランティアに関連することがらについてのコラムがあります。

引用・参考文献　本文中での引用文献は（著者名［発行年］）として示し，文献全体の情報は章末にまとめて掲載しています。掲載順は，日本人名も含めすべて著者名のアルファベット順です。外国語文献は基本的に翻訳書を示し，原著を直接引用・参照している場合には，原著の情報も載せました。

索引　巻末には，基本用語や人名を中心とした索引をつけました。

福祉ボランティア論：目　次

第Ⅱ部　自由で平等な「つながり」

第Ⅲ部　地域と新しい公共性

Column

第I部

なぜ，いま福祉ボランティアか

福祉ボランティアの原理と実践

●今日，ボランティアも，福祉も，日々の生活のなかでよく耳にする言葉であるが，自らの日々の生活を省みるとき2つの言葉にどこか距離を感じる人も多い。第Ⅰ部では，なぜ私たちの社会は福祉ボランティアというあり方を今，必要としているのかについて論じる。第1章では，気づき，つながり，出会い，臨床性などをキーワードに福祉ボランティアの特質について論じ，ボランティア活動に参加するうえでの障壁について考察する。福祉ボランティアは生きることの現場とのかかわりが強く臨床性を有し，その点で自分と向きあう機会にもなる。第2章では，生活福祉という観点から，生活者＝市民としての共同関係における生活課題の解決のあり方，ボランティアの位置づけやその果たす役割について検討する。ボランティアを論じるうえでは，キリスト教の精神がボランティアに及ぼした影響についての考察を欠くことはできないことから，第3章では3人の欧米の先駆的な福祉ボランティア事業にかかわった女性たちと，その背景をなすキリスト教の役割を描きだす。第4章では，日本での福祉ボランティア実践の歩みを通歴史的に，前史，近代化のなかでの諸実践，そして戦後のボランタリズムに基づく活動として概観する。

第1章 福祉ボランティアになるということ

福祉ボランティアの特質

『ペイ・フォワード』¥2,625（税込）ワーナー・ホーム・ビデオ

「ペイ・フォワード」（原題：Pay it forward）という映画がある。11歳の少年トレバーが，社会科の授業で先生から「もし君たちが世界を変えたいと思ったら，何をする?」と問われる。トレバーが思いついたのは，他人から受けた厚意をその人に返すのではなく，まわりにいる別の人へと贈っていくというものだった。このアイデアが広がり，心に傷を負った大人たちの心を癒していくというストーリーである。この「ペイ・フォワード」こそ，ボランティアの原理を示しているように思われるが，トレバーの思いつきは映画のなかでしか実現できないことなのだろうか。どのようにしたら映画「ペイ・フォワード」の世界が現実の世界の出来事となるのか考えてみたい。

1 ボランティアのイメージ

気づきとボランティア

福祉ボランティアと聞くと「弱者」に対して支援してあげる人びとや活動だと考えていないだろうか。そこでまずこのことについてAさんという比較的重い聴覚障害をもつ大学生とその活動を紹介し考えてみたい。Aさんは，3歳から小学校入学までの間は聾学校の幼稚部に在籍したが，小学校からは一般の学級に通い，相手の唇の形や動きを見て話の内容を理解する口話法で学び大学へ進学した。しかし，それまで優秀な成績を修めて大学に進学したAさんは，最初の授業に臨んだとき思わず愕然となった。その授業は広い教室のなかで先生の話がテキストもなく進められるというものであったため，話の内容がまったくわからなかったからである。彼女はどのようにして勉強すればいいのかわからず途方にくれるなかで，聴者が聞いたことを筆記し，聴覚障害者がそれを目で追って内容を理解するというノートテイクの制度の存在を初めて知った。当初大学にノートテイクの必要性を十分に理解してもらえなかったが，支援者を得ながら大学に働きかけサポート体制の充実をはかっていった。彼女は，実はそれまで自分の障害について人に語ることは苦痛であったという。自らの「弱さ」を伝えることになるからである。

しかし彼女はその「弱さ」は社会のあり方とかかわることなのだということに気づいた。すなわち聴覚に機能上の障害があるから「弱者」なのではなく，社会のあり方とかかわる社会的レベルの障害であるハンディキャップ（社会的不利）の存在により「社会的弱者」として位置づけられていると気づいたのであった。Aさんは自分の「弱さ」がその置かれた状況にかかわるものであること，そしてその困難な状況は改善できるものであることに気づき，その解決に向けて自らの選択で人びとに働きかけ状況を改善していった。彼女は自分の聴覚障害がどのようなものであるかについて語ることをとおして，自分の置かれた状況を周りの人に伝え，**つながり**をつけ，多くの人と出会うことで，理解者，協力者を増やし状況の改善をはかった。そして卒業を迎えた彼女は聴覚障害をもって入学してくる後輩たちのために制度の充実に努めた。当事者であるAさんの活動はボランティアとはいえないのであろうか。障害者を「弱者」として決めつけてボランティアの対象であると短絡的に考えるのは間違いではないか。

出会いによるボランティアの契機

私たちのふだんの生活のなかには自分の関心がそこに向けられていないときには気づかずにやり過ごしてしまうような出来事がたくさんある。だが，それらの見過ごしていた出来事も，人との**出会い**をとおして急に身近なものとなることがある。ボランティアも出会いを契機にしてつながりをもつことが多い。他者との出会いやつながりについて考えてみよう。E.ゴフマンという社会学者は，出会いを「状況にかかわりのある活動システム」とし，「焦点の定まった相互行為」が生じる社会組織の自然な構成単位であるという（ゴフマン［1985］，ii頁）。「焦点の定まった相互行為」とは，共同作業や会話などのように一時の間，単一の焦点に注目を向けることの持続に人びとが同意しているときに成立する。これに対して，見知らぬ人たちがすれ違うときに互いにチェックしあう行為のように，互いにほかの人の前にいることだけで引き起こされる関係もある。後者の場合には行為者が相互的な関係を意識していないので「焦点の定まらない相互行為」となる。私たちの日常には焦点の定まらない相互行為から定まった相互行為に変わる可能性がつねにある。焦点の定まった集まりとなったときが出会いである。そして，つながりとは，出会いをとおして人びとが意識的かつ選択的に生み出す，相互承認に基づく支えあいを可能にする関係である。

ここでのボランティアとは，困難な立場に置かれた人との出会いをきっかけに，その人びとの置かれた状況の改善のためのつながりをもつことを自発的に選択し，行動する人びとないしはその人びとの活動としたい。

慈善活動・奉仕活動・市民活動

では，あらためて「ボランティアとは何か？」あるいは「ボランティアとはどのような行為をする人びとか？」と問われたとしよう。ボランティアという言葉は，先に述べたように多義的である。ボランティアに類似する用語には慈善行為，慈善活動，奉仕者，奉仕活動などがある。またボランティア活動とほぼ同義として市民活動という言葉が使われたり，市民活動の担い手をボランティアとしたりすることもある。奉仕活動は「他者のため」の活動という意味あいのほうが自発性よりも強いが，「誰かボランティアでやりませんか」などという使い方に見るように，ボランティアは主体性に重きを置き，人の自発性が重視される。ボランティアに対するイメージを尋ねた調査の結果（図1-1）でも「自発的な意思で参加することが重要」「これからの良い社会をつくるためにぜひ必要」「何かと苦労が伴うものである」などが上

図 1-1　ボランティア活動に対するイメージ

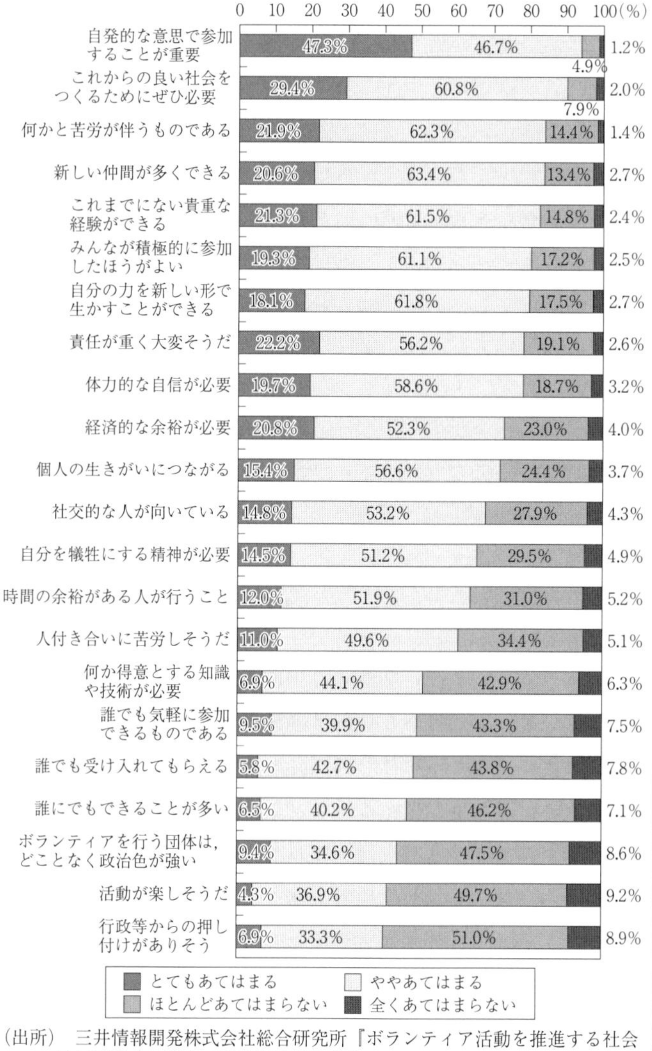

（出所）　三井情報開発株式会社総合研究所『ボランティア活動を推進する社会的気運醸成に関する調査研究報告書』。

位にある。

なお「責任が重く大変そう」「何かと苦労が伴う」についての回答は，関心のない層でとくに高いが，ボランティアを経験した者でも回答率はさほど低下しないと分析され，「ボランティアに関心のない者から実践者まで，『責任が伴う』ことについては共通的に認識され」ている。しかし，同じく責任が伴う活動であっても，社会の経済的な活動の場合には，経済的な契約のもとになされている点でボランティアの責任とはその内実が異なっている。

社会の経済的な営みなど多くの活動は他律性，義務性，有償性などによって営まれているのに対して，ボランティア活動は自律性，自主性，無償性などによって特徴づけられる活動であることから特別な活動と考えられがちなのである。

ボランティアと福祉

「福祉について思い浮かぶことは何か」と問われたときどのように答えるだろう。その答えとしてボランティアを考えていないだろうか。そのように考えるのはなぜだろう。おそらくそれは「福祉を支えているのはボランティアだ」という考え方が自然なものとなっているからである。しかし，今日の社会福祉は私たちの生活を支えるための法律的な裏づけをもった社会的制度として成り立っている。高齢者福祉，障害者福祉，児童福祉などの多様なニーズを抱えた人びとの生活を支えている福祉は，ボランティアによって支えられているわけではない。ふだん使う言葉としてはなじみのある福祉やボランティアも，日常生活ではあまり身近なものではないというのが多くの学生にとっての実感であろう。今日学生たちの多くが，小，中学校，高校などでボランティア活動を経験している。しかし，それはいわばイベントとして体験したものではなかっただろうか。日常的に継続的なかかわりをもってボランティア活動をしてきたのは，ボランティアサークルなどで活動してきた一部の人たちにすぎない。

ボランティアと自己犠牲

さらに福祉とボランティアに対する人びとの意識には共通項を見いだすことができる。それはどちらも「善いこと」とみなす意識である。そこでは福祉は社会的弱者のために必要なことである。それは人びとの善意によって支えられる。そしてその善行の担い手こそがボランティアである。「善いこと」という見方はボランティアを聖域化する。このボランティアの聖域化とは，ボランティアは「善いこと」をおこなう「資格」を備えた人がおこなうものであり，自分のような人間にはできないという意識を生み出すことである。

ボランティアに対して特別な「偉い」人などというイメージがもたれるならば，そんなことは私にはとてもできないという感覚を人びとに抱かせる。他方で，「ボランティアなんだから……」「ボランティアなのに……」と言われることもある。これはどちらかというと，相手の期待とボランティアの行為が一致しないときに発せられる言葉であろう。ここにはボランティアなのだから多少の「自己犠牲は当然」という意識も感じられる。

ボランティアに参加するうえでの不安や障壁を尋ねた結果（図1-2）でも，「いい加減なことはできない」がもっとも多くあげられている。

ボランティアという「マジック・ワード」

社会福祉系の学部に所属する学生は，社会福祉学を学んでいると自己紹介したときに，少なからず「偉いね」と言われた

図 1-2　ボランティア活動に参加するうえでの障壁

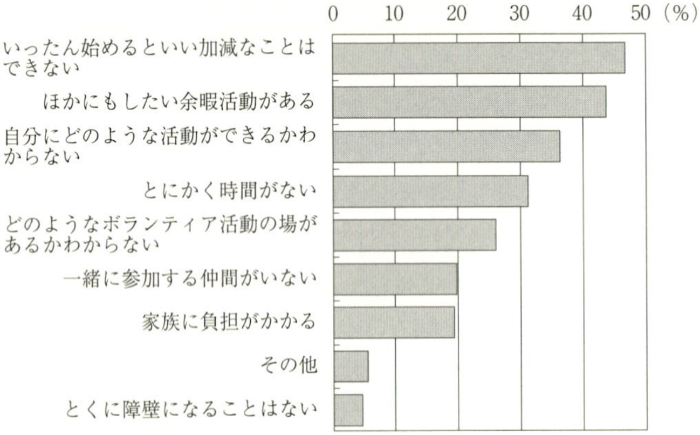

（出所）図 1-1 に同じ。

経験をもつという。なぜ，福祉を学ぶことが偉いのであろうか？ここにもおそらく自己犠牲のイメージがあるのであろう。どうして，ボランティアや社会福祉には自己犠牲のイメージがつきまとうのであろうか。他人のことを自らのことと引き受けていくことの余裕がないこの社会にあって，「ひとごと」とは「他人事」と書くように，自分のためにではなく他者のために「尽くす」人の存在は，奇特な存在と映るのであろう。

ボランティアはマジック・ワードである。マジック・ワードとは意図しない効果をもたらす言葉である。意図しない効果というのは，かならずしも論理的な説明のつかないようなことでも，なんとなく納得させてしまうところがあるということである。ボランティアがマジック・ワードだとすれば，ボランティアという言葉を用いることによって，人びとがボランティアとは何かを突き詰めないまま，多くの期待を託すことにもなる。

たとえば，行政が財政的な困難を抱えるなかでボランティアを安上がりなマンパワーとして期待することもあるであろう。また多少無理な依頼をしても何とかこなしてくれる存在と見られることもあるだろう。このような期待は，ボランティア活動の実践者に内面化されることもある。自分がやらなければ，誰もほかに担い手はいない。そうであれば，無理をしてでも頑張らなければならない。自分が少し我慢して，努力すればいいのだと考える。これはたしかに自己犠牲となる。このようなイメージは，ボランティアの「頑張り」を見守っている人びとには，自分にはできない行為として映るであろうし，また便利で安上がりなマンパワーとして行政などの活動に取り込まれることにもつながりかねない。

2 求められる新しい「つながり」

互いに支えあう関係

私たちの社会は，いつからか他者に依存することなく生きるという「自立した生活」を営むことを望ましい目標と据え，他者に依存することを好ましくないとしてきた。社会自体は互いに支えあう関係を前提に成り立っている。しかし，それらの関係は見えにくく，意識されにくいネットワークとして存在している。ミクロレベルでは，身近な家族，学校，職場などの集団内での人間関係のように比較的その関係を意識しやすく，相互に支えあっている関係を見いだすこともできる。だが，マクロなレベルになると，たとえば商品流通に見られるように複雑な網の目状の関係であるためにその関係を意識しにくい。しかし，このような互いに支えあう関係は社会的な生活の維持には欠くことができないものである。生活とは「生活者の多様な生活ニーズを充足し，その生命と多様な能力を維持再生産する営み」（古川［2002］，97頁）であり，そのニーズの充足は社会的な関係を抜きにしては語れないのである。

自立の新しい考え方

しかし，現代社会において共同関係を形づくる基礎となるような，たとえば，地域での関係は希薄化し，小規模化した家族や親族のもつ力も限られている。日々のさまざまな生活上の課題に対して，政府による解決を期待することも難しい。ここに今私たちはお互いに支えあう新たな関係性をつくりだす必要に迫られている。しかし，そこで求めようとしているのは，義理人情などとして語られるような，ときに過剰な情緒的な関係を受け入れて，他者から干渉されることに甘んじる場ではなく，自立的なかかわりを志向できる場の形成である。

ここで求められるのは自立に対する新しい考え方である。自立をまったく他者に依存しないことと考えるのではなく，他者の支援を前提としても自己選択や自己決定していくことが保障されていれば，それは自立した生活であるとする，このような自立の考え方を私たちは依存的自立と呼んでいる。そして私たちが日々の生活を送るうえで信頼のできる関係性の構築が今，求められている。先に述べたつながりは依存的自立の前提となるものである。それは地縁，血縁をもとにした社会関係ではなく，また，福祉ビジネスによって商品化され提供されるサービスのように，市場での商品という形態を介して成立する社会関係でもない。それは人びとが自発性に基づきながらお互いの多様な生活ニーズを充足し，

生命と能力の維持再生産の営みを成り立たせる関係であり，その
ような関係が形成される環境として求められるのがコミュニティ
である。ここではコミュニティのもつ，人びとがつくりだす共同
の「場」ないし「空間」という側面に着目している。したがって
コミュニティの形成は人びとの意識的な共同の可能性の探求を意
味する。その探求の担い手こそが，福祉ボランティアである。

3 ボランティアの本質

ボランティアの理念型

ボランティアは，カタカナ表記されるように西欧社会の価値を内包した言葉である。したがってボランティアについての論議は，西欧の文化や価値と無関係には論じられない。そのため多くのボランティア論が，なぜボランティアという行為がおこなわれるのかについて，たとえばキリスト教という文化的な背景から説明するというように文化や価値の側面から論じられてきた。またその検討から帰結される倫理性と関係づけながら語られることが多い。

戦後から今日にいたるまでのボランティア活動の本質的性格がどのように論じられてきたかについて整理をおこなった土志田祐子によれば，ボランティア活動の本質的性格のコアになる部分の考え方は普遍的なものであるとされる。すなわち，ボランティアをボランティアとならしめる特徴は，自発性・主体性，連帯性・社会性，無償性であり，またボランティアが果たす役割は，先駆性，補完性，架橋性，批判性であるとされる（土志田［1991］）。この土志田の指摘をもとにボランティアの理念型を図示したのが

図 1-3　ボランティアの理念型

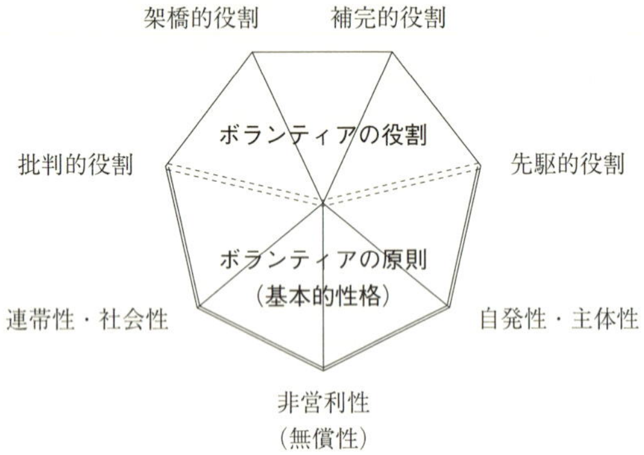

図 1-3 である。

理念型というのは，論理的に構成された理想像であり，現実や実態そのものを示しているわけではない。つまり，実際に活動しているボランティアがこれらのすべての要素を満たしているということではない。現実のボランティアは，たとえば，自発性に富み，その果たしている役割として架橋性や先駆性は大きいが，批判性や補完性の役割は小さい場合もある。またボランティアの非営利性（無償性）という特質とかかわり，ボランティア活動における有償活動を認めるか否かという論議は，今日のボランティアをめぐる重要な論争点となっている。この論争は理念型と実態との距離の問題であり，無償か，有償を認めるかが問題となるのは，人びとが抱くボランティア像とのかかわりによるものである。

ボランティアと無償性

図 1-3 ではボランティアという個人が得る報酬の有無という点について，無償性を非営利性として示した。それは無償性とするよりも非営利性と

したほうが混乱が少ないように考えたからである。ボランティアの無償性をめぐる論議は，一般にイメージされるボランティアが，自立した個人の存在を前提としたヨーロッパ近代市民社会のあり方に大きく影響されていることにかかわる。また実際におこなわれるボランタリーな行為や活動の評価にあたっても無償の仕事（アンペイド・ワーク）とみなす西欧的な価値が付随している。そのため無償としての活動が強調されやすい。しかし，有償か無償かをめぐっては，非営利組織を意味する NPO が not-for-profit organization の略称であるように，事業を営むこと，そこから利益を上げること，それ自体は問題とはならない。営利か非営利かを分けるのは，利益を構成メンバーの間で配分するか，それとも配分せずに組織のミッションの実現に向けて再投資するかにある。この考え方は，個人レベルでも適用できるはずである。ボランタリーな行為のもつ社会的な意味あいとの関係で判断すべきものと考える。

日本での有償のボランティア活動という考え方は，生協の助け合い活動などの住民参加型在宅福祉サービスが 1980 年代に提供されるようになり，そのなかで生まれてきたものである。そこでは謝礼金の意味について，援助を受ける人の心理的負担の軽減，援助をする人の経済的負担の軽減，労働報酬という性格などとして確認したうえで，有償とすることの意味を活動目的にあったものになるように理解し活動していくことこそが大切な点であるとされた。

関係に着目したボランティア論

ヨーロッパの近代市民社会論やキリスト教などを背景にした社会・文化的脈絡を踏まえてのボランティア論に対して，金子郁容は関係性ということに着目してボランティアを論じた。金子によればボランティアとは，「その状況を『他人の問題』として自分から切り離したものとはみなさず，自分も困難を抱えるひとりとしてその人にむすびついているという『かかわり方』をし，その状況を改善すべく，働きかけ，『つながり』をつけようと行動する人である」とされる（金子［1992］，65 頁）。

ここではボランティアは「切実さをもって問題に関わり，つながりをつけようと自ら動くことによって新しい価値を発見する人」なのである（金子［1992］，1 頁）。この定義はすでに指摘したように，これまでのボランティアをめぐる論議が「ボランティアとは何か」「ボランティアとはどうあるべきか」という形で論じられることが多かったのに対して，「かかわり方」と「つながりのつけ方」に着目したものである。

金子は，関係性としてボランティアを論じ，社会関係のなかにボランティアを位置づけている。その社会関係を金子は「相互依存性のタペストリー」と表現する。タペストリーとは「つづれ織り」というさまざまな色の横糸を模様に応じて織り込んでつくりあげる織物のことである。この言葉には複雑に入り組んだ状況という意味もある。金子がいう相互依存性のタペストリーとは「世界中のさまざまな要素が絡み合って，縦糸と横糸が複雑に密接に入り組むことで織りなされる関係性の集合」を意味する。産業システム，流通システム，公共システムなどの社会，経済を管理する巨大システムは，その相互依存性のタペストリーの主要な糸である。

ボランティアは，このような関係性のなかで困難を抱えている人に遭遇したときに「自分とその人の問題を切り離して考えるのではなく，相互依存性のタペストリーを通じて，自分自身も広い意味ではその問題の一部として存在しているのだという，相手へのかかわり方を自ら選択する人」のことなのである。したがって，ボランティアは相互依存性のタペストリーのなかで「『他人の問題』を切り取らない，傍観者でいない」存在なのである（金子［1992］，111 頁）。

4 福祉ボランティアの特質

福祉ボランティアの臨床性

ボランティアの本質を生み出す関係としてのつながりは，出会いをとおして人びとが意識的かつ選択的に生み出す，支えあいを可能にする関係である。それは同時に，信頼を見いだすことのできる関係でもある。ボランティアの一般的な特性については，理念型を構成する要素によって示した。

では福祉領域にかかわるボランティアの特性とはどのようなものだろうか。福祉は人びとの生活を支える役割を担うものである。もちろん，これは福祉にかかわるボランティアだけの特性ではない。だが福祉領域のボランティアは，生きることの現場とのかかわりが強く，そのあり方も多様である。それぞれの場における，それぞれの固有な生き方にかかわるという意味で**臨床性**を有する。臨床とはものごとが起きているその場に臨み，そこに今ある課題に経験知を含めて取り組むあり方である。生身の人間が日々暮らしていくなかで抱える課題は多く，そのためその課題となる出来事や，またそれらの課題が解決されるべき方向がはっきりしているわけではないことも多い。だからといって課題は放置しておくことはできない。福祉領域のボランティアは，生の現場において個別の生活者としての１人ひとりが送る生活への支援にかかわる。そのなかで，当事者のニーズにともに気づき，その置かれた状況の不条理に驚き，怒り，そして何とか改善したいと願いながら実践に臨む。ここにかかわりの深さを見いだすことができる。

ボランティアが活動をとおして出会うニーズは，生活者としての人びとの生活の営みの一部分にすぎない。しかし，それは人が生活を営むことには欠くことのできないものであり，その人の生の全体性につながるものである。つまり，ボランティアはかかわりの一端をとおしてかかわる人の生の全体に触れることが可能になる。そこにボランティア活動のジェンダー，身体性を踏まえた創造的，開拓的な取り組みが求められる。福祉ボランティアは，この答えのない課題に今できることを試みていく。

自分と向きあう

ボランティアが，自主性，自己決定，自己責任，あるいは自己犠牲などという言葉をとおして語られるのは，それが活動をとおして「自分と向きあう」ことを必然的に求められるからである。ボランティアが自主性や主体性に重きを置いた活動であるとすれば，ある活動にかかわるとき，その行為や活動のもつ意味について自分自身のなかで突き詰めていかなければならない場合も生じる。もちろん，そのことについて判断を保留して活動することも可能であろう。だが，そのようにすることは，自分のなかで納得のいかないままに活動を続けることであり，ときに活動することが苦しみを生み出すことになる。ボランティアの魅力とは実は，この自分と向きあう機会を得られるところにあるのではないだろうか。他者との出会いをとおしてそれまで気づきもしなかった自分に気づき，それが自分の自己理解につながり，結果として自分の可能性を広げることになる。だがこのことは自分のなかではあまり意識されていない。多くのボランティア経験者が語る，よくはわからないけれど得るものがあると感じるのはこのことなのではないか。ボランティア活動は他者や他者にかかわることをとおして自らについて知る機会となり，さらには自分自身を変えて，自身の可能性に挑戦する機会ともなるのである。

5 福祉ボランティアの可能性

切実さを伴った気づき

日本でのボランティアのあり方が大きく変わるのは1990年代である。変化の現れの１つは先に触れたように在宅福祉にかかわるマンパワーとしての期待によるものである。これをきっかけにボランティアの有償－無償が新たな論点になったことでも重要である。もう１つが阪神・淡路大震災によるボランティア参加者の広がりである。その後の大きな災害時に，多くのボランティアがその都度活躍するようになってきた。しかし，その反面で日常的にボランティア活動をおこなう人びとはいまだ多いとはいえない。

福祉ボランティアの活動は，それぞれの**気づき**に基づく自発性に基礎を置く。福祉ボランティアには，当事者が自らのニーズに気づくのと同質の，切実さを伴った気づきが求められる。中西正司と上野千鶴子は，当事者とは「『問題をかかえた人々』と同義ではない」という。なぜなら問題を生み出す社会に適応したのでは，ニーズ（必要）が生まれないからである。ニーズとは，欠乏や不足という意味から来たものであるから，自分の今の状態に対して「こうあってほしい状態」を思い描き，その状態にとって不足があるととらえることがまず必要である。そして，そのような状態に対して「そうではない新しい現実をつくりだそうとする構想力をもったときに，はじめて自分のニーズとは何かがわかり，人は当事者になる」というのである。だからニーズはあるのではなく，つくられるものであり，「ニーズをつくる」ことは，「もうひとつの社会を構想することなのである」（中西・上野［2003］，2-3頁）。

生にかかわる支援

そして臨床性という特質をもつ福祉ボランティアの活動では，継続，維持していくことが重要な要素となる。生にかかわる支援であればそれは，活動の継続性が求められ組織化やマネジメントという課題，ときに制度化に向けた運動的取り組みも必要となる。福祉ボランティアは，福祉領域すなわち生と生活をその活動フィールドとする市民活動であるともいえる。市民とは「社会問題の存在を自覚し，その解決に主体的に取り組む人々」とされ，かれらによって営まれる「新しい価値や公共サービスを開発・提案・創造するタイプの活動」が市民活動である（早瀬［2004］，5-7頁）からだ。

ボランティアの参加にかかわってしばしば指摘されるのは，参加したいと思う多くの人びとに見られる，実践にいたる過程での躊躇する思いの存在である。この躊躇する思いの要因は臨床性とかかわりがある。ふだん福祉にかかわる課題は自分の日常とは違った世界の出来事と思い，活動の場への参加の方法や，支援を必要とする人びとと出会ったときにどのように振る舞えばよいのかというかかわり方の術を知らないのである。出会いによる躊躇，戸惑いは，自らの日常生活への問い直しを迫ることもあり，その問い直しをとおした気づき，その結果の葛藤，そして自己の変容に対峙するという経験をする場合がある。福祉ボランティアは，その特質に見たように臨床性を帯びた活動である。福祉という臨床の場に臨んだボランティアには，生活者という立場での日々の実践とその見直しをとおして，身近な生活の場のなかに潜む生活課題への気づきと，新しい価値や社会を創造していくことが期待される。

引用・参考文献

朝倉美江［2002］，『生活福祉と生活協同組合福祉――福祉 NPO の可能性』同時代社。

土志田祐子［1991］，『ボランティア活動の本質的性格（要約）』東京ボランティア・センター。

古川孝順［2002］，『社会福祉学』誠信書房。

ギデンズ，A.／佐和隆光訳［1999］，『第三の道――効率と公正の新たな同盟』日本経済新聞社。

ゴフマン，E.／佐藤毅・折橋徹彦訳［1985］，『出会い――相互行為の社会学』誠信書房。

早瀬昇［2004］，「市民・市民活動・市民社会」大阪ボランタリー協会編『ボランティア・NPO 用語事典』中央法規。

金子郁容［1992］，『ボランティア――もうひとつの情報社会』岩波書店。

中西正司・上野千鶴子［2003］，『当事者主権』岩波書店。

Column ❶ 「つくりだす社会」のために

人は社会のなかに生みこまれる。生みこまれる社会を選択することはできない。今，私たちの暮らす社会にはさまざまな生活上の矛盾から生じる課題がある。それらの課題は，複雑な社会的な営みの結果としてもたらされているものであり，課題の解決において個人や家族などの力の及ぶことは少ないと感じられ，消極的になりがちである。社会や世間といわれる力に対して人は無力のように感じることも多い。しかし，社会は人びとが日々の生活の営みをとおして形づくり，維持してきているものである。社会はけっしてそのなかで生活の営みをする人びとが変えることのできないものではない。

歴史を遡るならば近代市民社会は，市民と呼ばれる人びとが自ら暮らす社会を，自らの主体的な意思のもとに変革しうることを理念として見いだした社会のありようとして誕生した。その自由，平等，博愛といった理念に現実の営みを近づけようとしてきたのが現代社会であるともいえる。

20 歳の大学生である高野悦子がその誕生日に記した「人は誰でも，独りで生きなければならないと同時に，みんなと生きなければならない」という言葉は，そのような社会の本質的性格を示している（高野悦子『二十歳の原点』新潮文庫，1979 年）。私たちの日々の生活は，多様な価値観をもった人びとともに生きなければならない。しかし人は，他者の価値観を尊重しながらも，自らの生き方も大事にすることが求められる。その営みは，日々の暮らしのなかで生じ，見いだされるさまざまな矛盾を何とか乗り越えながら，よりよい社会に変えていこうとする試みなのである。

それは社会の骨格を組み変えるような，大規模で急激な変革ではない。しかし，社会は確実に変わり続けてきている。自らの生活の営みの場にしっかり根ざしながら，その変化のあり方と自覚的にかかわり，ときに方向づけ，ときにそのための負担を自らの判断で担っていく人びとや集団・組織がボランティアなのである。

第2章 現代の社会福祉とボランティア

福祉ボランティアの実践

現代社会はタペストリーのように縦糸と横糸のからまりのなかで複雑な社会的な関係がつくりだされている。そこには個人の努力だけでは解決の困難な生活をめぐる課題も多く存在する。福祉国家のありようが変化を遂げつつあるなかで，生活をめぐる課題やリスクに対応する新たな社会のあり方が今日求められている。福祉には，多くの人にかかわるより普遍的な制度として日々の暮らしの場での多様な生活課題に取り組むためのしくみを構築することが求められている。この課題に対して生活福祉という観点から，現代社会における福祉ボランティアの位置づけやその果たす役割について検討したい。

1 社会変動と福祉国家の変容

社会変動とリスクへの対応

現代社会では，地理的移動だけでなく，職業選択の広がりに伴い，職業階層移動など社会の流動性が高まった。一方で，人びとの価値観も多様化し，社会的共同生活の最小単位であった核家族からも人びとは離脱し，消費をはじめとしたライフスタイルの個人化が進んできている。他方で，このような変化のもとでの社会生活は不確定性を高めつつある。社会の変化と，不確定性の高まりのなかで，生活の営みにかかわる多様なリスクに直面する可能性が，いつも誰にでも存在している。今日の私たちの暮らす社会では，かつて家族や地域社会に求めることのできた相互扶助というお互いに助けあう関係にも，また社会保障制度などの公的なシステムにも，日々の生活で生じるリスクへの対応を十分には期待できなくなってきている。この社会では，リスクへの対処は自己責任や自助努力といった形で直接個人に求められるようになってきている。

社会福祉は，人びとの生活の営みのなかで生じるさまざまな課題への社会的・共同的な対応の制度的取り組みとして，その役割を果たしてきた。それは貧困そして障害者にかかわる問題など「社会的弱者」といわれる人びとの抱える課題への取り組みでもあった。

産業革命を契機とする工業化，資本主義化の進展は，生産の共同の場であると同時に消費的な生活の共同の場でもあった共同体を解体した。そして工業化とともに発展を遂げてきた近代社会には，経済的繁栄や民主的で平等な社会の実現といった光の側面と同時に陰の側面がある。産業都市ではスラムの形成などの貧困を中心としたさまざまな生活上の課題が発生した。共同体の解体が進むなかで，人びとの抱えた生活課題や困難の解決は，まずは家族が担った。しかし個人や個別家族では解決しがたい課題も多く存在した。人びとはさまざまな試みをとおしてその解決をはかってきた。そのなかで重要な役割を担ってきたのがボランティアである。ボランティアは多様なニーズに応じた社会的なしくみをつくりだすにあたっての先駆的な活動実践をおこなってきた。

福祉国家とその変容

西欧社会における福祉国家はこのような歴史的な営みのもとで形成されてきた。福祉国家では政府・行政が国民の福祉に責任を負うことで，その向上をはかってきた。しかし資本主義化に伴う諸課題の解決の担い手をめぐり，一方には政府による介入を小さくし，規制を緩和して政府の担っていた役割を市場に委ねるという新自由主義の立場があり，他方には，市場経済を否定するのではなくその改良を重ね，同時に人権の尊重，連帯，平等などの実現を重視していこうとする社会民主主義の考え方がある。

この論議のなかでは，経済を市場メカニズムの働きに委ねた結果としての「市場の失敗」，政府主導の経済政策の失敗としての「政府の失敗」が指摘されてきた。工業化とともに経済的な豊かさを実現してきた先進諸国でも，経済成長の伸びが期待しがたくなり，また環境との調和のとれた発展が求められるという現実に直面した。さらにグローバリゼーションが進展するなかで，新たな方向性が模索されているのが，ポスト福祉国家をめぐる今日的状況である。

コミュニティの再生

イギリスの社会学者 A. ギデンズは，新自由主義でもなく，旧来の社会民主主義でもない新たな方向性を「第三の道」として示している。彼は「第三の道」がめざすものは，グローバリゼーション，個人生活の変貌，そして自然と人間のかかわりの大きな変化のなかで，市民1人ひとりが自ら道を切り開いてゆく営みの支援だと述べている。ギデンズは，政府が市民社会のさまざまな組織と協力して，**コミュニティ**の再生と発展を促進するための方策の必要性を指摘する。連帯感の希薄化した社会の再生に対して「第三の道」は，地域主導による実践的手段としてのコミュニティの再生を重視する（ギデンズ［1999］，139 頁）。

私たちも，今日の変動する社会における社会的営みとして，人びとが相互に支援することで共通の目的を実現する共同のあり方の可能性をコミュニティに探りたい。ここでのコミュニティは，地域社会という意味ももつが，それだけではなく人びとがつくりだす共同のための「場」ないし「空間」という意味をもつ。

なぜこのような意味でのコミュニティの存在が今日の社会において重要なのであろうか。今日の社会では，日々の生活を送るうえで信頼のできる関係性とそれを実現させる場の再構築が求められている。人びとの生活は地域といった限られた空間で完結はせず，それぞれの目的に応じた場での一時的な関係にとどまりがちである。大学生であるならば，家族との生活の場面，学生としての学校生活の場面，課外活動でのサークルの場面，アルバイトとして働く場面などと，多様な場面にかかわり，それらの場面に応じた役割をたくみに演じ分けている。人びとは，その都度の場において意識的，選択的に支えあう関係を生み出していかざるをえなくなっている。地域という場を離れて，人びとの日々の暮らしにおける目的的な関係性のなかに，共同のきっかけが多様な形と機会のもとに存在している。

福祉システムの転換

家族は，生活の営み，とくに日々の労働力ならびに次世代に向けた労働力の再生産の責任を委ねられてきた。しかし，核家族化，高齢化，そして少子化という家族にかかわる環境の変容により，労働力の再生産という役割を家族が十分に果たすことは難しくなってきた。家族の担っていた機能の多くは社会のさまざまなシステムに取って代わられるようになってきている。福祉という制度もそのような制度の1つであり，今日ではその充実化が求められている。

今日の日本の福祉は利用者主体の福祉システムへの転換に向けて大きく変革されつつある。改正・改称された社会福祉法では，地域福祉が法制上の位置づけを与えられ，計画段階からの市民参画を位置づけた地域福祉計画の策定が規定されている。社会保障審議会福祉部会により2002年1月に取りまとめられた「市町村地域福祉計画及び都道府県地域福祉支援計画策定指針の在り方について（1人ひとりの地域住民への訴え）」ではやや長い引用となるが次のように指摘している。

> とかく，これまでの社会福祉は，ややもすると行政から地域住民への給付という形をとってきた。しかしながら，これからは，個人の尊厳を重視し，対等平等の考え方に基づき，地域住民すべてにとっての社会福祉として，かつ，地域住民すべてで支える社会福祉に変わっていかなければならない。そのためには社会福祉に対しての地域住民の理解と協力，つ

まり地域住民の参加と行動が不可欠なのである。この際，1人ひとりの地域住民に対して，社会福祉を限られた社会的弱者に対するサービスとしてではなく，身近な日々の暮らしの場である地域社会での多様な人々の多様な生活課題に地域全体で取り組む仕組みとしてとらえなおし，地域住民としてこれらの多様な生活課題に目を向け自発的，積極的に取り組んでいただけるよう訴えたい。

ここでは「地域住民すべてにとっての社会福祉」かつ「地域住民すべてで支える社会福祉」に変わっていかなければならないことが述べられ，続いて社会福祉を社会的弱者に対するサービスとしてではなく，身近な日々の暮らしの場である地域社会での多様な生活課題に地域全体で取り組むしくみとしてとらえ直すこと，その生活課題に自発的，積極的に取り組んでいくことを訴えている。このことは社会福祉供給主体の多元化の課題とも重なってくる。

2 新しい公共と福祉システムの課題

新しい公共

社会福祉供給主体の多様・多元化が争点とされるなかで「**新しい公共**」が求められるようになる。そこでは「社会福祉における公と私，官と民という問題をどう捉え，整理するかということがあらためて問われている」のである（古川［2001］，98頁）。

今日福祉ニーズに応えるためのサービス提供には，共同領域（ボランタリー・セクター）が新たに加えられて「公」「共」「私」

図 2-1　社会福祉サービス資源と領域の関係

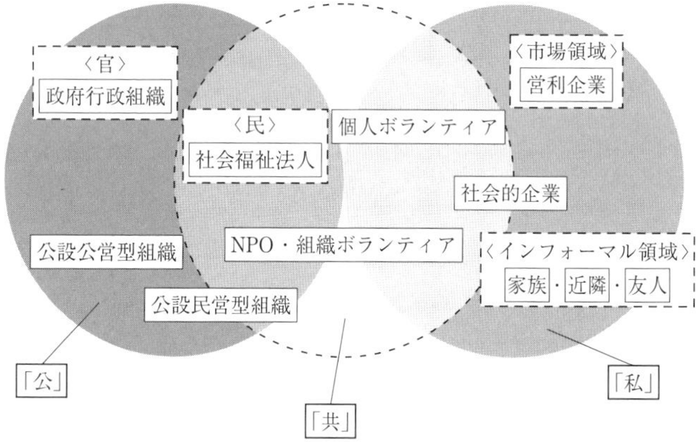

の3区分のもとに語られる。

これらの領域区分は観点の相違によるもので互いに重なりあう部分をもつが，基本的には「公」，「共」，「私」の領域からそれぞれの特性を生かしながらサービス提供がおこなわれている（図 2-1 参照）。これまでの公私，官民といった二元論的な考え方ではない，「共」を軸とした新しい公共のあり方が問われている。高齢社会を迎え公的な制度的専門機関のみに依存していくこともしだいに困難となり，今日福祉サービス供給システムの多元化がはかられてきている。

一方では，営利企業の福祉分野への参入による有料のサービス提供がおこなわれるようになり，他方では，非営利組織によるボランタリーな形態での福祉サービスの供給もおこなわれている。

今日の社会福祉における課題認識

しかし，福祉的な課題への対応は，つい最近まで家族や親族を中心とした私的関係性のもとで解決がはかられてきた。人びとが抱えた生活課題は，私的な問題として自助努力や自己責任による対応が求められる。そのうえで個人での対応が困難な課題であると認められると，その課題の解決の主たる担い手は行政にあるとの認識がいまだ強い。そこには社会的な課題解決を住民自らもともに担うという考え方は弱い。福祉は「公」（=「官」）が担う次元の問題として位置づけられる。かつて奥田道大は地域での課題解決に対する意識をもとに土地のしきたりを重視する「地域共同体」モデル，土地への関心・愛着が希薄な「伝統型アノミー」モデル，市民としての権利意識の強い「個我」モデル，住民の主体化と普遍的価値意識に着目した「コミュニティ」モデルの4つの地域類型を示した（奥田［1983］，28-31頁）。これらのモデルに対応させて示された意識に当てはめてみると，今日の福祉的な課題解決に向けた認識は，「個我」モデルの意識とされた「この土地に生活することになった以上，自分の生活上の不満や要求をできるだけ市政その他に反映していくのは，市民としての権利である」という意識にとどまっている。「コミュニティ」モデルの「地域社会は自分の生活のよりどころであるから，住民がお互いにすすんで協力し，住みやすくするよう心がける」という意識にはない。

このような認識のもとでは，行政（「官」）により供給される福祉サービスは，自立生活を営めない人びとのためのものとみなされやすい。そのためサービスの利用は社会的にはマイナス・イメージを伴う。そして蔑視につながる印としてのスティグマを帯びる。サービス利用者が社会的に孤立したり排除されたりすることも見られる。社会的排除は福祉にとっての今日的な新たな課題として位置づけられる。

社会的排除

旧厚生省社会・援護局長の諮問機関であった「社会的な援護を要する人々に対する社会福祉のあり方に関する検討会」報告書では，従来の社会福祉は，主たる対象を「貧困」としてきたが，今日その取り組むべき課題として「心身の障害・不安」,「社会的排除や摩擦」,「社会的孤立や孤独」といったことがあり，それらが重複，複合化していると述べている。

この報告書では，社会的排除ないし排除という言葉が1つのキーワードになっている。ここでの社会的排除という考え方は，移民問題を背景としてヨーロッパ社会で形づくられてきたソーシャル・イクスクルージョン（social exclusion）の訳語である。

ギデンズはソーシャル・イクスクルージョンを「人びとが社会への十分な関与から遮断されている状態を指す」という。この概念は「個人や集団が住民の大多数に開かれている機会を享受するのを妨げる一連の多様な要因に焦点を当てている」としている（ギデンズ［2004］，404頁)。彼は，イクスクルージョンとは「不平等の度合いに関わる概念ではなく，いくつかの集団を，社会の主流から切り離すメカニズムと関わる概念である」と述べている。つまり社会的排除は，社会的参加の機会とかかわる考え方なのである。

3 生活福祉の視点とボランティア

生活福祉とボランティアの位置づけ

すでに見たように私たちの生活は市場経済のもとに成り立っている。ふだんの生活は市場からの「商品」の購入をとおして，それぞれの生活者の自己選択と自己責任による私的消費経済生活として営まれている。しかし，私的消費のみによって私たちの生活を維持していくことはできない。私たちの生活はさまざまな社会制度によって支えられている。医療，教育，住宅などは人びとの生活の基盤を形成する共同消費生活基盤として位置づけられるものである。また社会福祉は，個人の努力のみによっては維持できない生活を支えていくしくみであるといえる。私たちは，生活を営むうえで生じる生活ニーズの不充足に対して「商品」やサービスを活用する私的対応と同時に，これらのしくみを活用することで日々の生活を維持しているのである。

しかし，今日生じる生活課題は多様であり，またそれに取り組むための家族，親族，近隣，友人といったインフォーマル（非制度的）な領域での相互扶助により解決することは，高齢者への介護支援を考えてみても，明らかに困難になってきている。社会福祉サービスや介護保険などのしくみはこれらの課題へのフォーマル（制度的）な対応であるが，さまざまな日々の生活のなかで生じる多様なすべてのニーズに即応することは難しい。

そのニーズに応えていくしくみとしてボランタリー・セクターに位置する福祉ボランティア活動の役割がある（図2-2参照）。活

図 2-2　生活課題への対応とボランタリー・セクター

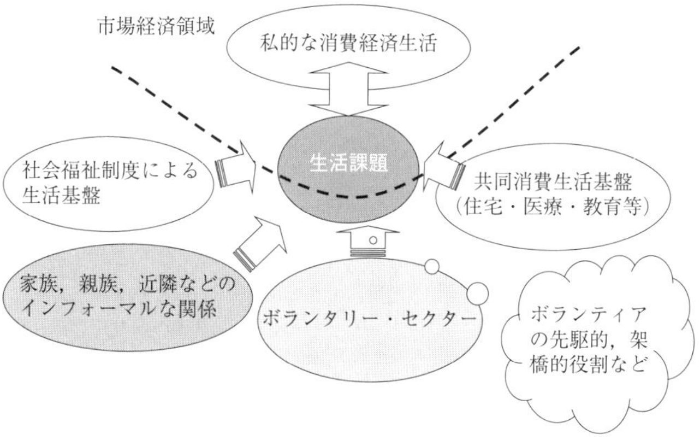

動フィールドとしての福祉は，制度的な福祉を中心にした社会福祉の領域にかかわるものだけではない。当事者とともにお互いに支えあう関係のもとで，人間の生活の営みにかかわりそこに生じる多様な課題の解消に取り組むものである。ここでは**生活福祉**という観点から福祉ボランティアを位置づけたい。生活福祉とは，「公的領域（＝政府），市場のいずれとも異なり，生活者＝市民の生活の共同関係の中に主体的・自発的に生み出された生活問題解決の方策を総称するもの」とされる（朝倉［2002］，6 頁）。生活福祉の視点に立つならば，生活者＝市民としての共同関係のなかに生活課題の解決のあり方が探られなければならない。そのような課題への取り組みのあり方を臨床福祉的アプローチと呼ぶ。

生活課題，コミュニティ，マイノリティ

図 2-3 は，臨床福祉的アプローチをとるうえでの生活課題への気づきの視点として，生活課題，コミュニティ，マイノリ

図 2-3　生活福祉の視点

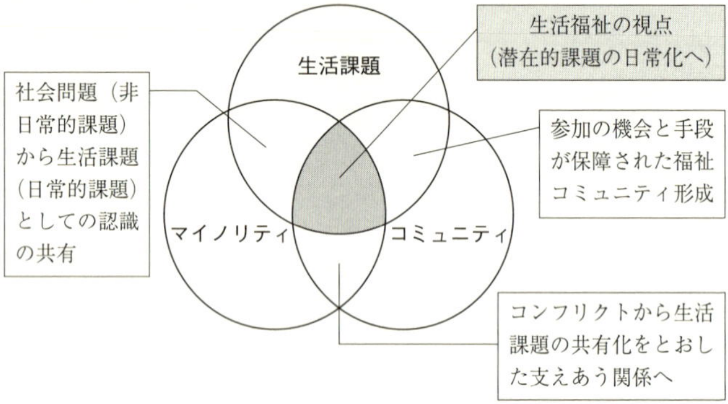

ティの 3 つの要素の重なりから論点を示したものである。生活課題は，課題が当事者以外には認識されにくい。それがとくにマイノリティ（少数者）にかかわることであれば顕在化しにくい。したがってそれはマジョリティ（多数派）に共有されにくい課題となる。マイノリティは，かならずしも社会的弱者とは限らないが，少数であるがゆえに見過ごされる問題も多い。社会的排除という考え方は，これまで見過ごされてきた人びとの問題が生じているプロセスに着目していくというところに 1 つの意義がある。そしてコミュニティは，すでに見たように地域社会という意味だけではなく人びとが生活の営みのなかでつくりだす共同の「場」ないし「空間」を意味する。

生活課題，コミュニティ，そしてマイノリティをキーワードに生活福祉という視点から福祉の地域化における 3 つの課題を検討したい。具体的には，①生活課題とコミュニティとの関係においては，社会的排除という観点から社会への参画の機会が乏しいという点に着目し，参加の機会と手段が保障された福祉コミュニティ形成へという課題，②生活課題とマイノリティという関係においては，社会問題という観点からマイノリティの抱える独自の生活課題に着目し，そこに生じている生活課題が特別な課題なのではなく誰にでもかかわるものであるという認識の共有化という課題，③マイノリティとコミュニティとの関係においては，生活の営みにおけるコンフリクト（紛争事態）から生活課題の共有化をとおしての支えあう関係の形成という課題，の3つである。

外国人労働者をめぐる生活課題

臨床福祉的アプローチについて外国人労働者をめぐる生活課題を事例として考えてみよう。群馬県太田市，大泉町，静岡県浜松市，愛知県豊田市，岐阜県可児市，美濃加茂市などは外国人集住都市として知られる。外国人集住都市形成の背景には，それらの地域に集積する産業での日本人労働力の不足という問題がある。だが外国人労働者は労働者であると同時に生活者でもある。集住化に伴い生じる生活課題は，居住，養育，健康など日々の生活と切り離すことのできない領域にかかわる複合的な構造をもつ。私たちはかれらを生活者として位置づけ，かれらが生活者として抱くニーズに応えようとしているのかと問えば，現状ではそれは不十分であるといわざるをえない。

人間が生活を営んでいくうえでの生活課題への取り組みこそが福祉の課題である。日本社会においてマイノリティである外国人労働者の存在はその生活の場である地域において，住民との間に生活習慣の相違などから摩擦を生じさせる。その摩擦の背景には，外国人労働者を異質な存在とみなす地域住民が存在する。かれらは自ら生活する地域イメージの保持や安全の確保をはかろうとす

図 **2-4**　生活課題へのボランタリー・セクターの対応と制度化

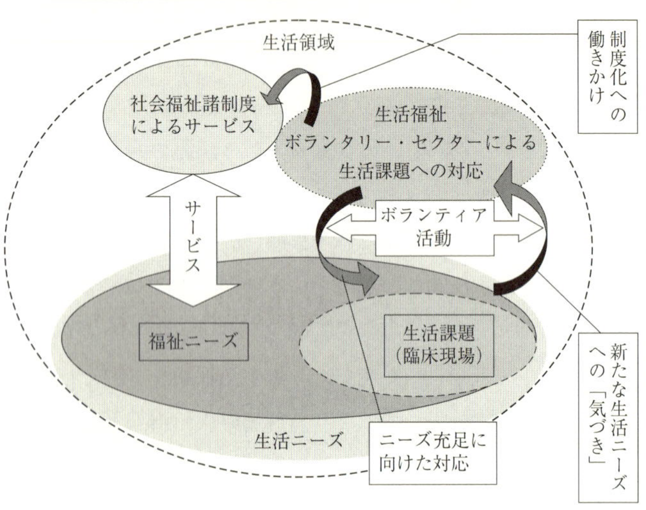

る。そこにはこの地域に暮らすならこの地域の生活習慣にしたがうべきであるという一方的な住民の論理に立った意識が存在する。

しかし，生活福祉の担い手が生活者であるとするならば，外国人労働者に排除のまなざしを向けるのではなく，かれらも同じ生活者であり，かれらにはかれらの生活に対する考え方があり，そこに新たな生活ニーズもあることへの気づきが求められる。その気づきとボランティア活動はかかわる。新たな生活ニーズへの気づきがボランティア活動を生み出し，その活動を通じてニーズ充足に向けた対応がおこなわれる。それは先駆的な試みであるが，その試みの意義が社会的に理解を得たとき福祉の新たな制度として位置づけられていく。このような福祉ボランティアの活動は，それぞれの気づきに基づく自発的な活動に基礎を置くが，臨床性という特質をもつ福祉ボランティアの活動ではその活動を持続的なものとしていくことも必要となる。そこに組織化の課題が生じる。さらに活動を通じた気づきの深まりを社会的に共有していくために市民運動として展開され，新しい公共を創出することもある。

4 福祉の基盤としてのソーシャル・キャピタルの深化

文化としての福祉の深化とボランティア

全国社会福祉協議会・全国ボランティア活動振興センターによると，全国の社会福祉協議会において把握されているボランティアの人数（ボランティア団体に所属するボランティアの人数と，個人で活動するボランティアの人数を合計）は，779万3967人で，調査が始まった1980年から2004年までの25年間で，約4.9倍になったとされる。また，団体に所属するボランティアと個人ボランティアのそれぞれの伸びは，1980年と比較して，団体所属ボランティアが約4.8倍（団体数は約7.6倍），個人ボランティアが約7.6倍となっている。

社会的な流動性が高まり，価値の多様化した社会において，人びとの生活における多様なニーズに対する行政のしくみを通じた公共領域での対応には限りがある。今日求められているのは，それぞれ固有のライフスタイルを尊重した生活の営みのなかで生じるさまざまなニーズや課題に対して，共同・協働的対応をはかるための場（社会的空間）としてのコミュニティの創出である。その担い手がボランティアである。図2-5に見るようにボランティ

図 2-5　ボランティア活動へ積極的に参加したい人の割合

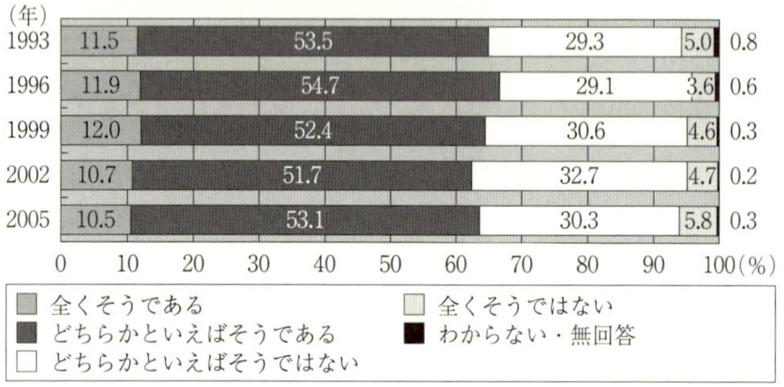

（出所）　内閣府国民生活局『平成 17 年度国民生活選好度調査』。

ア活動へ積極的に参加したい人の割合は，6 割と過半数には達しており文化としての深化の可能性を見ることができる。

ソーシャル・キャピタルの充実

福祉的な生活課題への取り組みに向けたボランティア活動において，活動体験を通じてボランティアに生じる意識の変容は，個人だけの変容にとどまらない。たとえば，生活者としての気づきはまず個人の変容をもたらし解決が必要とされる生活課題を自らのものとして引き受ける。そして生活をともに送る人びとに働きかけることを試みる。その働きかけによって気づきを共有した人びととの協働が生まれる。その協働はさらにコミュニティ形成やその深化に向かう。それは，パットナムの示した**ソーシャル・キャピタル**（社会関係資本）の醸成となる。彼は，ソーシャル・キャピタルを人びとの協調行動を活発にすることによって社会の効率性を改善できる，信頼，規範，ネットワークといった社会組織の特徴とした（パットナム［2001］，206-07 頁）。ボランティア活動におけるさまざまな主体間の相互作用過程は，福祉の基盤となるソーシャル・キャピタルを充実させ，福祉がコミュニティの基底をなす文化を位置づかせる働きもする。

5 ボランティア活動の持続と組織化

ボランティア活動の3つのレベル

ボランティアという言葉は，ボランタリー（自発的）な意思に基づいて行動する個人や組織をいうこともあれば，それらの活動を意味することもある。

図2-6は，これらを整理するためにボランティア活動を，個人，組織，社会の3つのレベルに分け，それぞれのレベルにおいて活動のあり方を基礎づける原理と組み合わせて示したものである。

人は，それぞれの社会的経験や教育などを通じて自分のなかに内面化してきた価値の束をもち，それが(a)個人レベルで活動のあり方を基礎づける。この個人の活動を基礎づけるものを［I］の行動原理と呼ぶ。ボランティア活動は，これまでに見てきたように自らの生活経験のなかでの気づきをきっかけに始められ，それがその活動に共感した人びとへと広がり，協働する人びとが集まるとき組織がつくられる。そしてその活動の目的が社会的使命（ミッション）としてメンバーによって了解されて，運営のあり方とともに，組織活動のあり方を指し示す［II］の組織原理となる。組織の活動は，この組織原理にしたがっておこなわれ，目標の実現がはかられる。NPO（非営利組織）はその典型である。この(b)組織レベルの活動は，宗教などもともとの共有された基盤

図 2-6　ボランタリーな活動原理とそのレベル

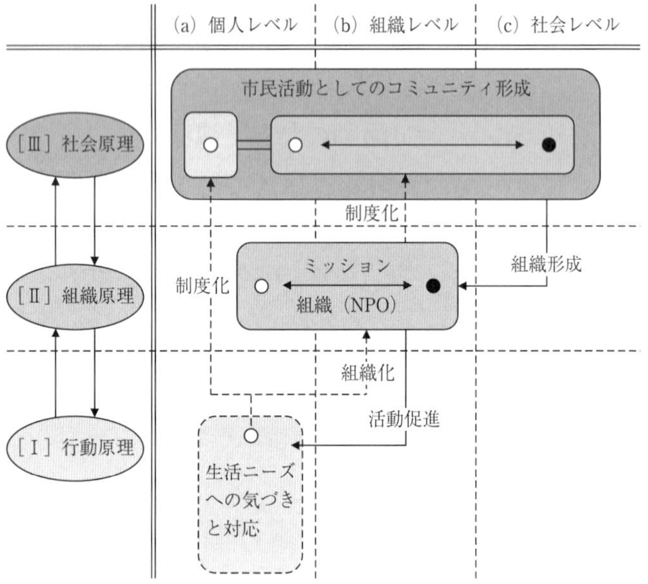

をもつ集団を基礎にする場合もある。

個人や組織によって共有された活動の理念が，社会における個人や組織の役割・機能にかかわる社会的な価値や理念・目標として(c)社会レベルで位置づけられれば，それは社会原理となる。社会原理は，組織原理や個人の行動原理に影響を与える。

ボランティアの組織化からコミュニティ形成へ

コミュニティにおける人びとのボランタリーな行為は多次元において位置づけられる。コミュニティはそれらを統合する場としての機能を担う。コミュニティにおけるボランタリーな組織は，公的なしくみでは即時的な対応ができないような問題への，新たな発想での多様な取り組みを可能とし，そのような取り組みの積み重ねが公的なしくみの変更をもたらす。ボランティアに期待されるのは，ボランティアとして地域に「ある」（存在する）ことをとおして，地域に潜み社会的な問題として認知されていないような生活課題を発見し，顕在化させる役割を担うことである。その役割が個人レベルから組織・社会レベルへのつながりの鍵となる。

しかし，ボランティアが先駆的な活動を通じて，顕在化した生活ニーズを社会に周知させ制度化させることに成功した場合に，そのことがその組織の存続の危機につながることもある点に注意しなければならない。それまで行政がかかわりをもたなかったような事象が社会的認知を得たことで，1つの領域として明示化される。その結果，その領域に他の組織も参画するようになる。この場合，たとえば企業など他の活動で組織基盤を確立しているような組織が参入してきた場合に，ボランティア団体の財政や人材の基盤の弱さが力の差となり，先駆的な活動をしてきた組織の活動の存続を危うくすることもあるのである。

このようなことを避ける方法として，ボランティア活動の組織化やネットワーク化という方向性も考えられる。また個々のボランティア団体の活動などを支援する特定非営利活動法人（NPO法人）を組織し，地域の公益活動への中間支援的な役割をもたせることも重要となる。この中間支援組織は，ボランタリーな活動に対する支援やコーディネート機能とともに，地域住民の身近な日常のなかの問題提起やその相談などを担う。

新しい公共のもとでのコミュニティにおける関係性は，強制につながるような過剰なものではなく，個々の自立を尊重し，相互に支えあうことを可能にする関係である。

引用・参考文献

朝倉美江［2002］,『生活福祉と生活協同組合福祉──福祉 NPO の可能性』同時代社。

古川孝順［2001］,『社会福祉の運営──組織と過程』有斐閣。

ギデンズ, A.／佐和隆光訳［1999］,『第三の道──効率と公正の新たな同盟』日本経済新聞社。

ギデンズ, A.／松尾精文ほか訳［2004］,『社会学』（第 4 版）而立書房。

奥田道大［1983］,『都市コミュニティの理論』東京大学出版会。

パットナム, R. D.／河田潤一訳［2001］,『哲学する民主主義──伝統と改革の市民構造』NTT 出版。

Column 2 ボランティア学の現状

ボランティアに関する体系性をもった学を「ボランティア学」と呼ぶならば，それはいまだスタートしたばかりといえる。インターネットで検索してみると「日本ボランティア学会」「国際ボランティア学会」「日本スポーツボランティア学会」「日本福祉教育・ボランティア学習学会」などの名前が見られる。また関連する学会として「日本 NPO 学会」の名もある。

1998 年 11 月付の国際ボランティア学会の設立趣意書では，ボランティアは福祉，しかも弱者救済的なものとして狭く理解され，学問研究も社会福祉分野で担われる傾向が強かったが，阪神・淡路大震災以降その理解の枠を超えて大きな広がりを見せ，また日本の市民はボランティアが世界的な文脈で地球や人類の利益にかかわっていることを認識するようになっていると述べている。そしてボランティアの原理，理念の究明には，心理学，哲学，宗教学やそれらに密接に関連する社会倫理が問題となり，活動展開では，経済学，政治学，法学，教育学，社会学さらには医学，理学，工学，文化人類学などの既存の学問分野を踏まえた学際的な協同作業が求められているとする。学会という自由で開かれた場のなかでフィールドでの実践を科学しつつ，「ボランティア学」の構築をめざしたいとしている。

同年に設立された日本ボランティア学会は，日本を支えてきた社会システムと価値システムが崩壊する混迷の時代のなかで，社会システムが「制度疲労」をきたし政治，経済，文化，生活のあらゆる分野で機能不全の状態に陥っていると時代状況を認識し，「人間社会の基底をなすサブシステンス（自律的生存）領域の活動をいかに協働して回復し，再構築するか，という問いに導かれて混迷を抜け出す新しい回路を発見していきたい」と設立趣意書にある。会則では「自発的な活動に取り組むボランティアが，現場の思いを知の体系に組み込む市民研究を広げ，経験知の科学を創出することを目的とする」と規定している。

第3章 福祉ボランティア精神とキリスト教

Addams [1920] より。

欧米では日常生活のあらゆる場所・機会を通じて，ボランティア精神というものが普及している。というより，欧米人の身体にボランティア精神が染みついているかのようだ。このことは，キリスト教の伝統と無関係の国から欧米に行きそこで暮らした経験をもつ者であれば，誰もが気づくことである。他方，日本で暮らす私たちはどうだろうか。私たちがとらえるボランティアという概念と欧米におけるそれとの間には，意識の点で明らかな差異があるようだ。その原因は，いったいどこにあるのだろうか。

この章では，宗教，とくにキリスト教が果たした役割に着目する。すなわち，キリスト教の精神がボランティアに及ぼした影響を見ることで，ボランティアの本来的意味を踏まえて私たちの現状を再考する。

1　ボランティアと聖書

クリスチャンの務めとは何？

日本が近代国家としての歩みを始めた明治初期，それまで徳川幕府によって禁じられてきたキリスト教が公に認められたことで，海外から来日した宣教師たちの布教が本格的に始まった。その過程で，かれらは教育や医療や社会福祉の分野においても多大な貢献をなした。こうした外国人キリスト教宣教師たちの直接・間接の影響を受けて，キリスト教に改宗する日本人たちが現れた。かれらは，とくに社会福祉の分野で顕著な働きをなした。キリスト教を抜きにして近代日本の社会福祉を語ることができないのは，こうした理由からである。

ところで，こうした日本人キリスト教徒たちが自身の座右の銘としたのは，聖書の次のような言葉である。

「はっきり言っておく。わたしの兄弟であるこの最も小さい者の一人にしたのは，わたしにしてくれたことなのである」（マタイによる福音書 25 章 40 節）。

「友のために自分の命を捨てること，これ以上に大きな愛はない」（ヨハネによる福音書 15 章 13 節）。

上記から明らかなように，「最も小さい者の一人」に対してなされる行為は，「わたし」すなわちイエスが喜ぶ行為である，とされている。なぜなら，イエスは当時のユダヤ社会で社会的弱者の側に立ち続けたからである。あるいは，「友」への愛すなわち「隣人愛」ということを，聖書は「命」を賭けてまで実践するようにと呼びかける。なぜなら，イエスは当時のユダヤ社会が敵視した異教の民たちをも「隣人」としてユダヤ人と同等に処遇したからである。他者のために何かをなす場合，ときには自身の命までも失う覚悟と思いを尽くして行為することが愛するということだ，と聖書は語る。なによりも，イエス自身がそのように生きたからであり，イエスにしたがおうとする者すなわちクリスチャンであるならそのようにふるまうべきだ，というわけである。

ここから見えてくるのは，人が他者のために最善を尽くすのは「あたりまえ」というキリスト教の基本理念である。その前提には「神の愛」ということがある。すなわち，「神の愛」を自覚する者が地上において他者のために最善をなすこと，それが「神の栄光」を証言するクリスチャンとしての務めである，という理解である。

このようなキリスト教の基本理念が社会福祉事業に足跡を残した日本人クリスチャンたちの拠りどころとなったのは明らかである。他方，欧米社会においても，同様のことが言える。すなわち，キリスト教の伝統を長くもつ欧米において，こうした基本理念が日常の生活習慣として根づき，人びとにボランティア精神を自然な形で体現させてきた。次項で述べる3人の女性たちも，この脈絡においてとらえることができるだろう。

苦悩の青春時代

ボランティアという語が社会福祉の分野において今日的意味で使用されるようになったのは，19世紀後半である。すなわち産業革命後のイギリスのビクトリア女王の治世（1837-1901）である。このビクトリア朝のイギリスとアメリカ合衆国で3人の傑出した女性たちによって始められた福祉ボランティア事業が，同時代の人びとの注目を集めた。彼女たちは，他に抜きん出た特別の才能をもっていたのではない。むしろ，19 世紀という時代の制約のなかで，自らの居場所を探し求め思春期から青年期を通じて人一倍苦悩した人たちである。そのような女性たちが，福祉ボランティアという場に独自の活路を見いだすことで，やがて 1 人の人間として自己回復を果たしていくようになる。

この女性たちとは，イギリスの刑務所改良に力を尽くした**エリザベス・フライ**（1780-1845），同じくイギリスで看護の専門家の育成をめざした**フローレンス・ナイチンゲール**（1820-1910），そしてアメリカ合衆国でセツルメント運動の先駆者となった**ジェイン・アダムズ**（1860-1935）の 3 人である。

フライもナイチンゲールもアダムズも，きわめて経済的に豊かな家庭に生まれ育った。フライの一族は有名な銀行家であり，父は紡績工場主であった。ナイチンゲールはジェントリー，すなわち地主階級の家庭に生まれた。また，アダムズの父は製粉工場主のみならず，金融業や鉄道業にも携わり，上院議員としても活躍した。

このように 3 人とも裕福な家庭で育ったにもかかわらず，彼女たちの思春期・青年期は先行きの見えない暗雲が漂っている。3 人の心の状態を，以下で簡単に見てみよう。

ビクトリア朝の 3 人の女性たち

子ども時代のフライは，暗闇を極端に恐れ，神経質で気難しい彼女の性格が体調に現れてはひきつけを繰り返した。とくに，母が自分を残して死んでしまうのではという恐怖心から，異常なまでに母に対する執着心を示している。その母は，実際にフライが 12 歳のとき死亡してしまう。思春期のフライには，他人と違った目で物を見る自分への自信のなさと，姉2人に対する劣等感がつきまとった。「徳」を切望する一方で，独りよがりで傲慢な自身に納得できず，それを「堕落」と考える。人生の方向が定まらない自己を評して，次のように彼女は記している。「私は操縦士のいないまま海に乗り出した船だ」(Skidmore [2005], p. 23)。師と仰ぐ人も見いだせないまま，フライの煩悶は10代後半まで続く。

ナイチンゲールは読書を好む内省的で感受性の強い子どもであった。他方，彼女の母と姉は華やかで享楽的な社交界の雰囲気や人間関係を好んだ。同じ家庭内でこの両者の価値観の違いは大きな葛藤を生み出し，その結果生ずる疎外感・孤独感は，思春期のナイチンゲールを押しつぶした。こうした家族との葛藤の結果，彼女は，日常生活に支障をきたすまでになった。ナイチンゲールの思春期と青年期は，自己の拠りどころを求めての彷徨と断続的に襲ってくる神経症との間で苦悶する，まさに苦悩の青春時代である。

アダムズは2歳で母と死別した後，母親代わりだった姉とも6歳で死別した。このような近親者との死別体験は，死は自分の大切な人を瞬時に奪ってしまうという恐怖心と不安感をアダムズに植えつけた。感受性の強い子どもであったアダムズは，尊敬する偉大な父もまた死が奪っていくのではという不安と，「みにくいあひるの子」の自分が立派な父の娘であってよいのかという劣等感とをもちながら，複雑な心境のまますごしていた。その父は，アダムズが21歳のときに死亡する。精神的衝撃のために彼女は入院せざるをえないほどにまで脊髄の症状を悪化させたばかりか，子どもの産めない体となった。さらには，女子医大での学業も断急せざるをえなくなった。以後，うつ症状と闘いながら，アダムズの苦悩の日々は20代後半まで続くことになる。

ビクトリア朝の女性観

人生を前向きに志向しながらも，なぜ彼女たちの青春は出口の見えない不幸な日々だったのだろうか。この背景には，ビクトリア朝の女性観が深い影を落としている。

帝国として繁栄を極めたビクトリア朝の社会が求めた女らしさとは，男性に従順な女性像であった。すなわち，この時代が女性に要求した理想像は，女性は結婚して夫のために堅実な家庭をつくり，道徳心にあふれた優しい妻となるというものであった。そして，大概の女性たちもそれを理想としていた。したがって，女性が受ける教育は，家庭で男性がくつろげる程度の手芸や音楽など，いわゆる「お稽古事」の域を出ないものであった。働く女性は貧困層に限られていたために，フライやナイチンゲールやアダムズのような裕福な家庭で育った娘が，社会で自立しうる職業はほとんどなかった。経済的に豊かな家庭の娘が「身を落として」（ナッシュ［1989］，11頁）まで仕事に就くのは論外のことであった。

この社会風潮にあらがって，結婚よりもやりがいとなるものを見つけたい，他者とのかかわりのなかで自己の存立基盤を築きたいと真剣に考える女性たちは，どうすればよいのだろうか。次節で，この困難な状況から3人の女性たちがどのようにして脱したのかを見てみよう。

2　天職としての福祉ボランティア

エリザベス・フライ

フライは18歳の日記に,「私はようやく登るべき山が何なのかを悟った。それは,**クェイカー**になることだ」(Skidmore [2005], p. 42) と記している。前年, 彼女はアメリカ合衆国からきた簡素な生活を信条とする1人のクェイカーの説教を聴いて, それが「何年ものあいだ干上がっていた地表に降り注ぐ新鮮な雨のように」(Skidmore [2005], p. 26) 心に染みたことを記している。フライは, 初めて「本当のクリスチャン」に出会ったことを確信した。

このクェイカーとの新たな出会いを契機に, フライ自身もやがてクェイカーの説教者となる。以後, 説教者として生きることがフライの人生の基底となったが, 同時に自身の信仰を表現する別の形態が刑務所改良であった。それまでは誰も関心を向けることのなかったロンドンの悪名高いニューゲイト監獄に足を踏み入れ,初めてその惨状を目の当たりにしたのは, フライが23歳のときであった。フライは同じクェイカーの女性たちの助けを得て委員会を立ち上げ, 当事者である女性囚人たちと当局者とによる三者会合を重ねながら, 囚人の生活向上のための具体策を次々と実施していった。監房に入ると気持ちが不思議と落ち着いたと述懐する彼女は, もう, ささいなことにも怯える神経過敏のフライではなかった。

フライは20歳で結婚し44歳までに11人の子どもを産み, 説教者としての活動とともに海外を含む多くの刑務所を視察した。

家庭を留守にして家事・育児をおろそかにしたために周囲からしばしば非難を受けたが，彼女は自身の活動をけっしてやめることはなかった。

フローレンス・ナイチンゲール

ナイチンゲールは17歳のとき神秘体験をした。神が直接に彼女に語りかけ，仕えるようにと促したという。ナイチンゲールは自分に聞こえてきた声の意味を模索する。一方で，家族間での深刻な葛藤は依然として続いていた。孤独なナイチンゲールの慰めとなったのは，近隣の貧しい病人たちを見舞って世話をすることであった。しだいに，ナイチンゲールは，看護の勉強を専門的にしたいと考えるようになる。しかし，当時のイギリスでは看護師は「売春婦より多少ましな」（鈴木［2004］，49頁）仕事という程度の認識しかなかった。

29歳のときに求婚を断った翌年，彼女は両親に内緒でドイツにあるプロテスタント系の看護学園を訪ねた。そこで彼女は，信仰に基づいた活力みなぎる学園の雰囲気と，組織力・実践力に富む人びとの働く姿をじかに体験した。ナイチンゲールはこの体験を契機に，看護の道を歩むべく確固とした意志を固める。「もう何も二度と私を悩まし，暗い気持ちに突き落とすことはできない」（鈴木［2004］，63頁）。

ナイチンゲールは看護の専門教育を終えた後，クリミア戦争の渦中にあえて飛び込む。彼女は，クリミア半島の戦場で貧しいイギリス軍負傷兵が見捨てられた状態にいることを知って志願したのである。帰国後，40歳でナイチンゲールは，ロンドンに看護教育の専門機関である聖トマス病院ナイチンゲール看護学校を創設した。

ジェイン・アダムズ

アダムズの最大の苦悩は，自分にはなすべきことが何もない，ということであった。退院後，療養を兼ねて滞在したヨーロッパでの2年間の見聞もむなしく，苦悩は帰国後も続いた。しかし，ヨーロッパ滞在中，わずかにアダムズの心に響くものがあった。それは，同時代の人びとの貧困という問題であった。アダムズは，都市のスラムのただなかで活動する人びとの姿や，人間の醜さと貧困から目をそらさない画家デューラーの画風を心に留めた。また，帰国後，読書会で学んだイタリア人マツィーニの生き方，すなわち労働者とともにあろうとした彼の思想と行動は，アダムズに安らぎを与えたという。こうしたことへの思いは，彼女がやがて進むべき道を暗示している。

アダムズの生涯の事業となったセツルメント運動について，その構想そのものはヨーロッパへの再度の旅行時にはすでにあった。しかし，それはあくまでも構想にすぎなかった。セツルメント運動を決意した直接の要因は，旅行中，スペインの闘牛場で牛馬が殺されていく様子を残酷とも思わず一観客として楽しんだ自身のありように気づかされたことによるものであった。すなわち，時間と金銭を費やして殺戮を娯楽とすることが自身をおとしめる行為だということにすら自分が気づかないこと，さらにセツルメントの構想を保持しているという大義名分は身の定まらない自身の現状をとりつくろうための単なる弁解にすぎないということを，骨身に染みるほど自覚したからであった。

アダムズはロンドンのトインビー・ホールを訪れた後，友人のエレン・スターとともにシカゴでハル・ハウスを開設する。それは，アダムズにとって苦悩の時代との決別を意味した。

3人にとって福祉ボランティアとは何？

以上から見えてくるのは，フライの刑務所改良もナイチンゲールの看護教育もアダムズのセツルメント運動も，3人にとってすべて必要性があったということである。すなわち，生への情熱や高い志をもちながらも，女性であるがために時代に翻弄され，確固とした生き方のできなかった3人が，もがきながらもあきらめず必死になって探し求めた結果，ついに見いだしたものがこうした活動であった。3人はそれぞれの仕方で，社会につながる筋道を自身で創造することによって，自己を回復することができた。この筋道を自身でつける過程が，それぞれにとっての福祉ボランティア活動であった。そして，ついに自身にもっともふさわしい**天職**を見いだしたのである。

ここから，次のことが言えるだろう。すなわち，3人にとって福祉ボランティア活動とは他者のためにするのではなく，なによりもまず自身が生きるうえで必要不可欠のものであった，ということである。もちろん，その活動は目に見える利他主義となって現れるが，動機そのものは自身の必要性から生じたということを，ここで確認しておきたい。

3 福祉ボランティアとアダムズのセツルメント運動

ヒックス派のクェイカー

この節では，とくにアダムズのセツルメント運動に焦点を当てることで，**キリスト教の精神**が彼女の活動にどのような影響を与えたのかを具体的に考えてみよう。

アダムズは思春期に父と森へ出かけ，道に迷ったことがあった。父は慌てずに道を見いだし，2人は無事にその深い森を抜け出ることができた。このときアダムズは冷静沈着な父に敬愛を込めて自身の存立基盤を尋ねたところ，父は「ヒックス派のクェイカー」（Addams［1920］，p. 16）だと応えた。ヒックス派とはオーソドックス派との教義上の違いから19世紀前半に同じクェイカー内で袂を分かった派であり，その指導者の名前にちなんでこのように呼ばれた。ヒックス派はイエス・キリストによる人類の罪のあがないを主張するよりも，神の霊性ということに重点を置いた。ところで，アダムズ自身はクェイカーではなかった。にもかかわらず，アダムズの精神の根底には幼少時から受け続けた偉大な父の影響，すなわち「ヒックス派のクェイカー」の影響が刻印されているように思える。したがって，ここではアダムズの人間観を，クェイカーの人間観との比較で見ていこう。

「真のまじわり」とはどんなもの？

アダムズの人間観には，平等ということが基本にある。彼女はセツルメント運動におけるつながりを，「ギブ・アンド・テイクに基づく真のまじわり」（Addams［1920］，p. 90）と表現している。「ギブ・アンド・テイク」の意味については後述する。ここでは，「真のまじわり」ということを2つの側面から考えてみよう。

1つめは霊的平等という側面からである。彼女は，社会的弱者に対して自己犠牲をもいとわない初代キリスト教徒たちの行為について，そこには「すべての人のうちにキリストを見いだす喜び」（Addams［1920］，p. 123）があると賞賛している。クェイカーもあらゆる人間の心の「うちに宿るキリスト」，あるいは「キリストの霊の所有」ということを主張してきた。すなわち，「主なる神は，土（アダマ）の塵で人（アダム）を形づくり，その鼻に命の息を吹き入れられた。人はこうして生きる者となった」（創世記2章7節）とあるように，「命の息」を神から吹き込まれた人間は，キリストの霊を宿すゆえに神にはみな等しい存在となる，ということである。

アダムズの理解においても，これと同様のことが言えるだろう。彼女は人間には共通して高貴なものがあるという信念を述べているが（Addams［1920］，p. 124），それは「すべての人のうちにキリストを見いだす」ことにほかならず，それによって生ずる喜びであり，信頼であり，愛であるということである。

アダムズが平等ということに関して述べている2つめのことは，社会的平等と言いうるものである。すなわち，飢餓で苦しむ人びとを放置すれば，放置する側の心の平安が乱れるということ，困難を分かちあってこそ人は互いにつながりうるというものであった。

これに関して，クェイカーの正式名であるフレンド派（The Religious Society of Friends）の由来となった，次の言葉が示唆的である。「もはや，わたしはあなたがたを僕《しもべ》とは呼ばない。僕《しもべ》は主人が何をしているか知らないからである。わたしはあなたがたを友と呼ぶ」（ヨハネによる福音書15章15節）。「友」という言葉で社会的身分の上下・高低関係を否定し，対等性を表現している。すなわち，社会的平等という点でも先の霊的平等という点でも，クェイカーの人間理解によれば，すべての人は単に人というそれだけの理由で等しく尊厳をもつ存在となる。アダムズの人間観もこのクェイカーの人間観に沿ったものであり，霊的・社会的平等を基礎にした「真のまじわり」ということがセツルメント運動を実践する際の彼女の信念となっている。

「人間愛の大聖堂」をつくる

アダムズがセツルメント運動を29歳で始めて以後，74歳で没するまでの40数年間，彼女はハル・ハウスを拠点に活動した。セツルメント運動は変革を必要とする現場に住み込む（settle）ことを基本とする。アメリカ合衆国では，この運動の中心となったのは，男性中心の社会で活動の場所を見いだせなかった高等教育を受けた女性たちであった。

ところで，前項で述べた「真のまじわり」との関連でアダムズが述べている「ギブ・アンド・テイク」とは何を意味するのであろうか。それは，運動を担う女性たちがともにスラムに居住し貧困の実態を見据えるなかで，貧困の構造的原因を把握し，地域社会の変革に貢献する一歩を踏み出すということであり，そうした活動をとおして彼女たち自身が精神的に自立し自己を取り戻すということである。他方，スラムの貧困者たちもセツルメントの教育・文化活動に参加するなかで，人間の尊厳を回復し変革への主体となりうる。すなわち，「ギブ・アンド・テイク」の関係とは，高等教育を受けながらも自身を活かす場のないかつてのアダムズと同じ立場の女性たちによる同志的つながりはもちろんのこと，スラムの貧困者たちにとっても自己を変革し同時に社会を変革する主体となるという，関係の対等性を意味している。

この基本姿勢をもっとも端的に表現しているのが，アダムズの次の言葉，すなわち社会福祉は「慈善（charity）」ではなく「社会正義（social justice）」の実践であるということである（木原［1998］，215頁）。アダムズにおいてセツルメント運動という福祉事業，すなわち福祉ボランティア活動は，すでに見たように単なる「善行」ではなく，19世紀末の資本主義社会が生み出す弱肉強食の現実のなかで，苦しむ人びとの側にあくまでも立とうとする，いわば彼女自身の全身全霊をかけた生き方の総体としてあったのである。

アダムズは，セツルメント運動に結集する人びとの同志的きずなが，中世ヨーロッパキリスト教の大聖堂とは異なる，人種・宗教・思想の枠を超えた，もう1つの「人間愛の大聖堂」（Addams［1920］, p. 83）を築くのだと述べる。この「人間愛の大聖堂」の構築にあたって，彼女が課題としたのは次のことである。すなわち，スラムの外国移民たちから学んだ「国際主義」の推進，宗教的・思想的差異を超越しうる寛容の精神に基づく「人道主義」，社会主義でもなく搾取を野放しにする資本主義でもない「民主主義」の実現，そして時代の緊急課題であった「平和主義」の構築ということである。

以上のように，アダムズがセツルメント運動にかけた夢は，同時代の社会・政治など世界の動きをも視野に入れたスケールの大きなものであった。

与える喜びは，すなわちもらう喜び

これまで私たちは，アダムズのセツルメント運動がクェイカーの人間観に裏打ちされたキリスト教の精神の発露であることを見てきた。そして，アダムズのみならず，フライとナイチンゲールの福祉ボランティア事業も，それぞれの仕方でキリスト教の精神が基盤となっていたという点では共通している。

他方，彼女たちの福祉ボランティア事業は，誰かのためにという動機から始まったものでないことはすでに述べた。それは，懸

命の「自分さがし」の結果，見いだすことのできた天職であり，彼女たちの福祉ボランティア活動はあくまでも自身の必要性から生じたものであった。その活動をとおして彼女たちは自己実現という充足感を勝ちえ，それが自己変革へと結びついた。また，その過程が同時に社会変革への力ともなったのである。

アダムズは，社会福祉の分野でソーシャルワーカーという専門用語が好んで用いられる時代にそれを拒み，最後までボランティアということにこだわり続けたという（木原［1998］，225 頁）。そのことは，彼女の人生観そのものを象徴しているようで興味深い。なぜなら，セツルメント運動においてアマチュアであるということは，他者と対等な関係でありたいとする彼女の誠実さの表れにほかならないからだ。「ギブ・アンド・テイク」の関係にあったように，「与える喜びは，すなわちもらう喜び」に直結するという発想，これがまさにボランティア精神のあるべき姿である。この，「与える喜びは，すなわちもらう喜び」ということが日常的に実践できたならば，日本で暮らす私たちもボランティア活動をあたりまえの一風景として実践することができるだろう。

ボランティア活動をする・しないを決断する自由は，つねに私たちの側にある。なぜなら，ボランティア活動はどこまでも自発性を原則としているからである。しかし，これまで見たように，ボランティア活動をとおして人は実践主体として陶冶され，そのことをとおして新たな社会の変革・創造が可能となる。そうであるなら，私たちが決断する自由の方向はおのずと明らかであろう。社会の成熟と進歩は，私たちが決断する自由の用い方にかかっている。

引用・参考文献

Addams, J.［1920］, *Twenty Years at Hull-House with Autobiographical Notes*, Macmillan.（柴田善守訳［1969］,『ハル・ハウスの 20 年――アメリカにおけるスラム活動の記録』岩崎学術出版社。）

木谷宣弘［1999］,「ボランティア」庄司洋子ほか編『福祉社会事典』弘文堂。

木原活信［1998］,『J. アダムズの社会福祉実践思想の研究――ソーシャルワークの源流』川島書店。

ナッシュ, R.／足立康訳［1989］,『人物アメリカ史』下, 新潮社。

日本聖書協会［1987］,『聖書』(新共同訳)。

Rose, J.［1994］, *Elizabeth Fry : A Biography*, Quaker Home Service.

Skidmore, G.（ed.）［2005］, *Elizabeth Fry : A Quaker Life, Selected Letters And Writings*, Rowman & Littlefield Publishers.

鈴木眞理子［2004］,『福祉に生きた女性先駆者――F. ナイチンゲールと J. アダムズ』草の根出版会。

武田貴子・緒方房子・岩本裕子［2001］,『アメリカ・フェミニズムのパイオニアたち――植民地時代から 1920 年代まで』彩流社。

Column ③ 平和をつくりだす人びと

「平和主義者とは卑怯者のことだ」。これは，ジェイン・アダムズと同時代にアメリカ合衆国大統領であったルーズヴェルトの発言だ。アメリカ合衆国が第1次世界大戦に参戦した後，戦争反対者は「反逆者」とみなされた。アダムズは投獄こそされなかったが，徴兵制度に反対するなど一貫して平和主義者であったため，セツルメント運動では多くの支持者を失った。しかし，戦後の平和活動によって，アダムズはノーベル平和賞を受賞した。

ところで，アダムズに精神的影響を与えたクェイカー（フレンド派）たちは，ボランティアという用語が今日的意味で使用されなかった時代から，現在のNGOに相当する活動を担ってきた。17世紀中半のイギリスで始まったこの運動は，数十年後，北アメリカ大陸のペンシルヴェニア植民地でも根を下ろした。クェイカーの活動のうち，近代の人権にかかわる代表的なものをいくつかあげてみよう。

まず，18～19世紀の奴隷制廃止運動がある。クェイカーは宗派をあげて奴隷制に反対したため，奴隷所有をやめなかったクェイカーは破門された。また，クェイカーの有志たちは，所有者からあえて奴隷を買い取って解放しただけでなく，逃亡した奴隷をかくまうために各家庭が「駅」となり，国境までの逃亡を手助けする「地下鉄道」運動をおこなった。これは，逮捕を覚悟しての行為だった。2つめには，19世紀中半に開始された女性解放運動があげられる。アダムズが子どものころに始まったこの運動には，ヒックス派のクェイカー女性たちが多く参加した。3つめには，20世紀前半の「良心的兵役拒否」法制化への貢献があげられる。

こうしたかれらの活動の根底には，平等の精神がある。この平等の精神こそが，人種差別・男女差別の壁をのりこえ，戦いに組せず平和をつくりだす原動力となった。20世紀中半にはアメリカ合衆国とイギリス双方のクェイカー外郭団体にノーベル平和賞が贈られた。

クェイカーは現在もイラクへの爆撃と派兵に反対運動を続けている。私たちの身近には，こうした平和をつくりだす人びとがいる。

第4章 歴史のなかの福祉ボランティア

福祉ボランティア実践の歩み

賀川豊彦（中央）。写真提供：賀川記念館

歴史を振り返れば制度的なサービスが整えられてきたのはごく最近のことであり，人びとの生活は家族，友人，近隣住民，そしてボランティアたちによって大きく支えられてきた。これらの実践は，それぞれに異なった思想，社会的背景をもつが，1つひとつが今日のボランティア活動，市民活動にとっての源流である。

この章ではまず，戦前までの福祉ボランティアの原初的な活動，つまり地縁型相互扶助活動，慈善事業・社会事業，セツルメント・隣保事業，方面委員活動などについて確認する。その後，戦前の流れを引き受けつつも「市民的」な福祉ボランティアにつながるような戦後の福祉ボランティアの誕生と発展，そして重なりのなかで起こっている新しい課題について検討する。

1　福祉ボランティア活動の誕生とその前史

戦後成熟したボランティア活動

日本においてボランティア活動が成熟し，広がりをみせたのは，第2次世界大戦後である。ボランティアは，民主主義の発展，**市民社会**の形成のなかで成熟するものであり，敗戦後の民主化政策や欧米の民主主義・市民自治の思想の影響によってわが国でもボランティア活動，市民運動が展開されるようになった。

したがって，日本のボランティア活動は，欧米諸国からもたらされた活動といえる。しかし，わが国の歴史においても地域における互酬性，利他性を含む**相互扶助活動**として慈善活動，**社会事業**等が展開しており，ボランティア活動の源流は存在していた。ボランティアにいたるまでには長い歴史があり，その過程が今日の日本のボランティアのあり方に影響を与えていると考えられる。さらにボランティア活動は，**ボランタリズム**という思想によって支えられている活動である。ボランタリズム（Voluntarism）とは，「主意主義」と訳されており，理性や知識よりも自発的な自由意志のもとで，独自の活動・行動を促す精神である。つまり国家や権力，企業，金銭などによるものとは対極にある行動原理＝志であり，このような志をもった人びとの活動は，近代社会の成立とともに発展していった。

まず，ボランタリズムの思想につながる互酬性，利他性を含む相互扶助活動をボランティア活動の前史として紹介していきたい。その際に福祉領域において相互扶助を体現した活動・事業としてこの章では，①仏教慈善と地域共同体，②近代化の過程のなかでの中産階級を主な担い手とした社会事業，③欧米の影響によって誕生したセツルメント運動，④方面委員（現民生委員・児童委員）活動という4つの活動を福祉ボランティアの前史の活動と位置づける。

近代以前の相互扶助活動の特徴

近代以前の相互扶助活動として，仏教慈善と村落共同体を紹介したい。日本における救済活動として仏教慈善がある。聖徳太子は591年に四天王寺に四箇院［施薬《せやく》院（薬局），悲田《ひでん》院（困窮者・養老・孤児の救済），療病院（貧民病院），敬田院（仏教布教所）］を設置している。また行基（668-749）は貧苦にあえぐ農民を救済するために灌漑《かんがい》施設をつくり，生産基盤を安定させ，また土木事業も興し，人びとの集まる場としての「堂」も建設した。行基の救済活動は，農民の抱える困難を農民たちとともに力を合わせて解決していくというものであり，そこには仏教の福田思想という，善行を撒けば，必ず福を生み出す田畑という考え方があった。地域で展開された仏教慈善には，鎌倉時代の叡尊《えいそん》（1201-1290）や忍性《にんしょう》（1217-1303）の「非人」やハンセン氏病患者への救済活動などもある。

さらに村落共同体は，中央集権的な統治の末端機構としての役割も担わされてきたが，そのようななかで鎌倉時代に誕生した「惣《そう》」は相互扶助組織としての役割も果たした。長い戦乱や飢饉のなかで人びとは自分たちの生活を自分たちで守る必要性から「惣」を生み出していった。「惣」は年貢や労役の負担の減免要求をおこなったり，農業や祭礼などの共同作業をおこなったりしていた。中世から近世にかけては自生的な地縁による「ゆい（結）」

や「もやい」「こう（講）」などと呼ばれる互助組織が発展したが，江戸時代になると徳川幕府は統制的な組織として五人組の制度を全国的に張りめぐらし，治安・防火・祭りなどにあたらせた。以上のように日本の地域組織は相互扶助組織という側面とともに統治のための管理の側面をもつものであった。

2　近代化のなかでの相互扶助活動・事業

社会事業の展開

近代化の過程におけるボランタリズムの萌芽的運動と慈善的な社会事業を中心に紹介したい。1868 年，日本は近代国家の第一歩を踏み出し，日本最初の国家的救済制度として 74 年に恤救《じゅっきゅう》規則が制定された。同年板垣退助を中心とした自由民権運動は立志社を設立した。そこでは自由権を求める政治運動が展開されたが，政府から追放され，その後 89 年に天皇主権の大日本帝国憲法が発布された。それを基盤に明治国家の機構は着々と整備され近代化の道を歩んでいった。しかし一方で東京・大阪・名古屋などの大都市においては，急速な資本主義経済の展開に伴う都市化により労働者の集住が生じた。その結果として下層社会が形成され，91 年の濃尾大地震などの自然災害では多数の窮民・孤児が生まれた。また 90 年には渡良瀬川の大洪水により，足尾銅山の鉱毒によって川が汚染されていることが明らかになり，田中正造と農民との請願等による運動がおこなわれた。

近代化のなかで社会的に発生する貧困や社会的課題に対して，恤救規則で述べられるところの“人民相互の情誼《じょうぎ》”などでは対応できない現実に応答したのが民間篤志家であり，人道主義的慈善事業である。かれらは家や地域社会における相互扶助とは異なるキリスト教ヒューマニズムに基づいた社会事業を全国で展開し，民間福祉施設などを設立した。1887年に石井十次は岡山孤児院を開設し，濃尾大地震，東北地方の大飢饉の被災児を受け入れた。96年には石井亮一が日本で最初の知的障害児施設「滝乃川学園」を開設し，1914年には留岡幸助が北海道家庭学校（現在の児童自立支援施設）を創設した。さらに低所得者への経済援助活動として山室軍平は救世軍を創設し，賀川豊彦は最低賃金や失業保険を要求する労働組合運動と生活をともに支えあう生活協同組合運動を始め，20年には神戸購買組合（現コープこうべ）を創設した。

セツルメント運動

近代化のなかでボランタリズムにつながる活動として重要な位置を占めるセツルメント運動を紹介したい。1884年，世界で最初のセツルメントであるトインビー・ホールが創設された。その初代館長バーネットはセツルメントを「大学人と労働者が自然な交流を通じてお互いに知り合い，社会改良に協同する手段」と定義している。セツルメントは，金品の提供によるのではなく，知識階級の者がスラムに移住し（settle），労働者に文化と教養を提供し，人格交流をすることによって，共同体をつくることを目的とした運動であった。

セツルメント運動は，日本でも1890年代，スラム地区や工場労働者の居住地区，被差別部落などにおいて取り組まれた。1910年には賀川豊彦が神戸市新生田川地区に救霊団を設立し，無賃宿泊所や食事提供，子どもの預かりなどをおこなった。また，米騒動や第1次世界大戦を背景として20年に日本初の公立セツルメントである北市民館が設立されるなど，都市政策の一環として公立のセツルメントが数多く設立され，多様なプログラムが実施された。セツルメントの革新性は，対象とした地区に生きる人びとが抱えた生活難に寄り添い活動をおこなうと同時に，このような困難が引き起こされる社会を改革しようとする視点にある。片山潜が設立したキングスレー館や東大セツルメントなどは社会主義運動へと発展していった。しかし革新性をもつがゆえに治安警察法（1900年）による労働運動弾圧と相まって，法律相談，労働者教育，診療所などの活動は衰退し，戦中の治安立法のなかでセツルメント運動はいったん衰えていった。さらに戦時体制下において隣保事業と呼ばれるようになったセツルメントは政策に組み込まれることによって，戦争のための人的資源の保護・育成などを目的とした戦時厚生事業へと変質していった。

方面委員活動

近代化のなかで誕生し，制度ボランティアとも位置づけられる今日の民生委員・児童委員活動の前史となる方面委員活動を紹介したい。方面委員制度のルーツは，1917年の岡山県済世《さいせい》顧問制度，大阪府方面委員制度であり，ドイツのエルバーフェルト制度を参考にしたといわれている。方面委員は自営業など中産階級から選ばれ，無報酬を原則として，貧困世帯の救済活動をおこなった。27年には金融恐慌が起こり，さらに多数の失業者が生み出された。29年に救護法が成立したが，財政難を理由に実施されないままであったことから，31年全国の方面委員が天皇への上奏を決行し，その結果32年に実施が決定した。

永岡正己によれば，方面委員は全国的な政策となっていくが，初期は大阪における方面委員制度などそれぞれの地方都市におい

表 4-1　ボランティア活動前史

年	社会の主な動き	社会事業・慈善活動の動き
591		聖徳太子，四天王寺に四箇院をつくる
712		行基，布施屋を設置
1274		忍性，鎌倉にて施粥をおこなう
1643		幕府，五人組制度を設置
1872		東京府養育院創設
1874	自由民権運動（立志社）設立	恤救規則制定
1877		博愛社（現日本赤十字社）設立
1879		共立商社，共益社（東京），大阪共立商社（日本で初めての生活協同組合）創設
1880		YMCA 日本で設立
1887		石井十次が岡山孤児院を設立
1889	大日本帝国憲法発布	
1890	教育勅語発布，富山で米騒動	
1894	日清戦争	
1895		山室軍平が救世軍の活動に参加し，その後日本救世軍を創設
1896		石井亮一が知的障害児施設「滝乃川学園」開設
1897		片山潜がキングスレー館（セツルメント）設立
1899	横山源之助『日本の下層社会』	留岡幸助が東京に家庭学校設立
1900	治安警察法制定	川俣事件（田中正造と農民の足尾の鉱毒事件への請願運動）
1904	日露戦争	
1905		YWCA 設立
1908		中央慈善協会発足
1910	大逆事件	
1911	工場法制定	
1914	第 1 次世界大戦参戦	留岡幸助が北海道家庭学校設立
1917		岡山県済世顧問制度
1918	日本最初のメーデーが開催	大阪府方面委員制度
1920		賀川豊彦が神戸購買組合(現コープこうべ)設立
1922	全国水平社の創設	
1923	関東大震災	
1924		帝大セツルメント設立（1938 年閉鎖）
1925	治安維持法	
1927	昭和金融恐慌	第 1 回方面委員全国大会開催
1929	救護法制定	
1931	満州事変勃発	方面委員が救護法実施を天皇へ上奏
1936	二・二六事件	方面委員令公布
1938	国家総動員法，厚生省創設	
1941	第 2 次世界大戦開始	
1945	広島・長崎に原爆投下，敗戦	

ての独自の取り組みであり，学区ごとの実情を踏まえた委員による一定の自治的・自律的な性格をもっていた。官による大きな関与があるとしても，地域の実情に精通した方面委員が報酬を受けずに主体的に隣人を援助していたという。方面委員は政策のなかでの活動であるが，その核には方面委員自身による失業者等への自発的な支援活動があった。しかし，1936 年に内務省により「方面委員令」が公布され全国制度となり，画一化・統制化され，かつ戦争遂行体制がとられるなかで，方面委員は町内会との連携がはかられ，地域統制支配の末端となり，その主体性を弱めていった（菊池ほか［2003］）。

3　福祉ボランティアの誕生と発展

福祉ボランティア活動の誕生と社会福祉制度

戦前の相互扶助活動は，戦後日本国憲法のもとで基本的人権が明文化され，民主主義思想が浸透しつつあるなかで，ボランティア活動へと発展していった。戦後のボランタリズムに基づく活動をボランティア活動と位置づける。

敗戦後，空襲にみまわれた都市部は焼野原となった。そのなかで「浮浪児」の援護，引揚者の保護など戦後復興期のボランティア活動が始まった。

1946 年に公布された日本国憲法は，福祉問題に関する国家責任を明確にした。そのことは，戦前の社会事業，セツルメント活動，方面委員活動を社会福祉制度として組み込んでいくことになった。戦後の福祉制度改革は占領政策によってなされたが，このなかで公私分離という方針が打ち出される。日本国憲法第89条は“公の支配に属さない”民間の福祉団体への公的助成を禁止した。さらに生活課題の解決に従事する有給の社会福祉専門職の養成が求められるようになった。方面委員（1946年民生委員に名称変更）は，戦時中，軍人家族・遺族の援護など戦時厚生事業に携わっていたが，終戦をむかえ生活困窮者の緊急の生活援護に取り組んでいた。1950年新生活保護法が成立すると，民生委員は市町村に設置された福祉事務所の有給職員である社会福祉主事に協力する役割を担うようになった。

また戦後福祉制度改革をめざしたボランタリズムに基づく運動として，患者団体などを中心とした社会保障運動が位置づけられる。1957年生活保護法の最低生活基準をめぐって，朝日茂氏が「健康で文化的な生活」水準を求めて東京地裁に提訴し，この訴訟はその後最高裁にまで引き継がれ「人間裁判」と呼ばれた。朝日訴訟は，患者団体・労働組合・住民を広く巻き込んで全国的な社会保障運動として展開した。

若者によって担われた戦後の福祉ボランティア活動

かろうじて戦災をまぬがれた東京都墨田区の民間セツルメントである興望館では，戦災孤児や引揚孤児，「浮浪児」の保護をおこなっていた。敗戦直後の混乱した社会のなかに発生した新しい児童問題や青少年育成に取り組む民間の活動も盛んになった。都市部には不良住宅地区が形成され，貧困や衛生問題，子どもをめぐる新たな課題が生まれていたが，このような問題に着目した学生セツルメントが再び復活もしくは新たに組織され，取り組みはじめた。青少年育成や更生に関しては，戦前からの系譜をもつYMCA（Young Men’s, Christian Association），YWCA（Young

Women's, Christian Association）に加え，BBS（Big Brothers and Sisters）やVYS（Voluntary Youth Social Worker's）なども活動をおこなった。1947年，BBSは戦災孤児や非行少年の兄や姉的役割としてかかわり，更生を援助する活動として京都で始まり，やがて活動は全国へと広がっていった。愛媛県で生まれたVYSは青年有志が社会事業家として子ども会の指導などをおこなった。学生や勤労青年などの多くの若者はこの時期の福祉ボランティアの担い手として活躍した。

また，戦災で大きなダメージを受けた民間社会福祉施設を支援する民間資金には限界があった。そこでアメリカのコミュニティ・チェストを参考にして，民間社会福祉事業の財源を補うものとして共同募金運動が組織された。1947年におこなわれた「第1回国民たすけあい共同募金運動」では約5億9297万円の募金実績が上がり，戦後の福祉施設の復旧・整備に大きな役割を果たした。そこにはGHQや厚生省（現厚生労働省）の大きな関与があるが，戦後の混乱期のなかで生活困窮者を助けようとする国民のボランタリズムに基づく活動であったといえる。

4　市民社会の担い手としての福祉ボランティア

市民による福祉ボランティアとボランティアセンター

戦後の経済優先政策による1950年代後半からの高度経済成長期は，水俣病等公害問題などの社会問題を顕在化させ，その告発や反対運動，さらに安保闘争などの学生・住民運動が活発化した。それらの経験が住民を権利主体である市民へと成熟させた。国家権力と資本主義市場から自立した市民社会の担い手としてボランティアが位置づけられる。岡本榮一はボランティア活動は戦後の政治的・社会的背景のなかで「市民的性格」をもって生まれ育ってきたと述べている。つまり，歴史のなかで勝ち取られた集会や結社，表現といった市民としての自由を守りそして活かし，1人の個としての主体性と市民意識のうえに基づいた主体的な活動者がボランティアである（大阪ボランティア協会［1981］）といえよう。

そのボランティアの支援機関として1965年には大阪ボランティア協会，67年に日本青年奉仕協会（JYVA）が発足し，民間のボランティア推進機関の活動が活発化した。さらに68年には全国社会福祉協議会（以下全社協）が「ボランティア育成基本要綱」を策定し，社会福祉協議会（以下社協）におけるボランティア活動推進の土台がつくられた。また厚生省は73年，都道府県社協に対し「奉仕銀行」の活動補助を実施，75年には「奉仕銀行」を「奉仕活動センター」として設置補助をおこない，ボランティア推進策を本格化させた。「奉仕活動センター」はのちの社協ボランティアセンターとして広がっていくこととなる。

当事者運動とボランティア

1970年代からわが国は高齢化社会を迎え，地域のなかに「寝たきり老人」の問題などが顕在化しはじめた。当時は在宅での生活を支える制度が不十分であったこともあり，生活のなかで介護や子育てなどの問題に直面した女性たちが仲間とともに地域社会で活動を始め，多くのボランティアが誕生した。

1972年には，横浜で2歳になる障害児を母親が殺害した事件があり，その後町内会，障害児父母の会によって減刑嘆願運動が起こった。脳性マヒ者の青い芝の会は，殺された障害をもつ子どもの立場に立ってこれに反対する運動に取り組んだ。同年アメリカのバークレーで障害者の自立生活センターが開設され，そのリーダーが日本に活動を紹介し，重度障害者が地域で暮らすことをめざした自立生活運動が全国的に広がっていくことになった。この運動のなかで障害者問題に関しては障害者が専門家であるという当事者からの視点が強調されたことに大きな意味がある。

また女性の社会進出を背景に「ポストの数ほど保育所を」という保育所運動や障害者の教育や自立をめざす養護学校義務化の運動，障害者の地域作業所づくりなど，生活課題を社会に訴えていく要求運動が活発に展開した。そのなかで子育て中の親たちが共同保育所をつくり，障害者やその親たちが作業所づくりをおこなうという形で当事者自身が周囲に支援を求めながら，自ら生活課題を改善していくボランティア活動に取り組むようになっていった。

以上のように障害をもつ人たちや子育て，介護を担ってきた多くの女性たち等当事者が活動の担い手として社会の表舞台に登場し，多様なボランティア活動が展開されるようになった。

ボランティアと教育

ボランティア活動は高度経済成長期に発展してきたが，高度経済成長政策は，環境問題等とともに過密過疎化によるコミュニティの崩壊を招きつつあった。そこで人と人とのつながりを意図的に形成する方法や場が求められるようになった。1970 年に国民生活審議会から「コミュニティ――生活の場における人間性の回復」が発表され，コミュニティ形成にボランティアを活用することが提案された。そのようなボランティア政策とともに福祉やボランティア活動への関心を促すために福祉・ボランティア教育が登場してきた。

1971年には全社協が福祉教育研究委員会を設置し，福祉教育が学校における児童・生徒を対象に組織的に進められるようになった。1977年には，厚生省が「学童・児童ボランティア活動普及事業」を国庫事業とし，全国的に展開していった。

また1983年から文部省（現文部科学省）は「高校生等青少年社会参加促進事業」を社会教育行政の事業として推進し，86年には臨時教育審議会が「児童・生徒の発達段階に応じ，ボランティア活動・社会奉仕活動への参加を促進する」と提言し，ボランティア活動は教育のテーマとして重要な位置を占めるようになった。92年の生涯学習審議会は，ボランティア活動を生涯学習社会形成の課題として積極的に推進していくとし，2001年に文部科学省は「21世紀教育新生プラン」のなかで「奉仕活動など体験活動の充実」を掲げ，02年の中央教育審議会答申では，奉仕活動などの推進方策を具体的・総合的に提言している。

以上のような教育政策のもと今日，小・中・高等学校は新学習指導要領に基づいてボランティア活動に積極的に取り組んでいる。また高校・大学進学に際してはボランティア活動の評価や単位認定などもおこなわれつつある。このような動きは，ボランティアの本質である自発性との関連では危惧もあるが，主体的な活動へのきっかけとしては重要な取り組みであるといえる。

5 福祉ボランティアと福祉 NPO

有償ボランティアの登場

1980 年代から 90 年代にかけて，福祉ボランティア団体の多くは生活者として自らが望むサービスを模索し提供する主体として新たな役割を担うようになった。その代表は現在の介護領域の NPO である住民参加型在宅福祉サービス団体である。これらの団体は配食サービスや家事援助など住民同士の助けあいの理念に基づき，低額の謝礼によってサービスを提供し，既存制度が対応できないニーズに対応していった。その担い手である「有償ボランティア」をめぐっては賛否両論があった。ボランティアの本質には無償性があることから，有償活動は「金儲け」と解釈され，それに対する反発は大きかったが，謝礼は受け取り側と提供側の対等な関係性を生み出し，何よりも活動そのものを継続させていくために生まれたものであった。

一方，社協のボランティアセンターは 1985 年に開始された「福祉ボランティアのまちづくり（ボラントピア）事業」によってその充実がはかられた。この事業は地域のボランティア活動の推進を通じ，福祉のまちづくり活動の基盤整備と地域福祉活動の発展を目的とし，多くの市町村社協においてボランティアセンターおよびボランティアコーディネーターが設置された。現在，社協のボランティアセンターは 3114 カ所，全国各地に存在し，主に福祉分野のボランティア活動についての相談援助，情報の収集と提供，広報・啓発，団体の支援などをおこなっている。社協のボランティアセンターは，①全国ネットワークをもつ，②社会福祉分野に強い，③地縁組織とのつながりが強い，④行政との関係が深いという強みをもつ（日本ボランティアコーディネーター協会［2005］，26頁）。しかし，「いわれなくてもする，いわれてもしない」という言葉に象徴されるように，ボランティアは地域のしがらみや行政から独立した存在であり，行政との強い関係は，臨機応変の活動や革新的な活動を妨げかねない危険性をもっている。

ボランティア元年と NPO 法

1990年代にはボランティアの支援策や企業による社会貢献活動も始まり，ボランティア活動は一層活発化・多様化した。とはいえ，当時の人びとの「ボランティアは社会意識の高い一部の人たちが無償でおこなうもの」という見方は大きくは変わらなかった。慈善的というイメージが強く，社会変革のために自発的に行動する市民というメッセージも多くの人びとには自分と関係のないものととらえられがちであった。このような風潮を大きく変えたのは95年の阪神・淡路大震災である。

被災地に全国各地から多数のボランティアが迅速に駆けつけ，水・食料等の配布，避難所のサポートをおこなった。さらに障害者や外国人・高齢者など災害弱者への支援は公平性・画一性を重視する行政には対応困難であったが，それらの課題にボランティアたちはその先駆的役割を発揮して取り組んだ。1995年は「ボランティア元年」と称され，ボランティアへの社会的評価は大きく向上し，ボランティア活動・組織を支援する特定非営利活動促進法（通称NPO法）の制定（1998年）へとつながった。以上のように福祉ボランティアの社会的な位置づけはボランティア元年とNPO法によって明確になった。

表 4-2　ボランティア活動史

年	社会の主な動き	ボランティア活動･ボランティア政策の動向
1945	GHQ，救済ならびに福祉計画に関する覚書	引揚者の援護，浮浪児の保護など戦後社会復興期のボランティア活動が始まる
1946	日本国憲法公布	
1947		BBS 運動始まる（京都） 共同募金の実施全国的に始まる 日本社会事業協会設立
1948	民生委員法公布	赤十字奉仕団設立
1950	朝鮮戦争開始	
1951	社会福祉事業法	中央社会福祉協議会設立（現全国社会福祉協議会） 都道府県社会福祉協議会設立始まる 「NHK 歳末たすけあい運動」が始まる
1952	日米安保条約発行	手をつなぐ親の会結成 愛媛県で VYS 運動が始まる
1955		全国セツルメント連合会結成
1957		朝日訴訟開始
1961	国民皆年金皆保険体制	日本赤十字社「愛の献血運動」開始
1962		善意銀行設置（徳島県・大分県社会福祉協議会）
1964	東京オリンピック	
1965	「ベトナムに平和を！市民連合」結成	「ボランティア協会大阪ビューロー」設立（現大阪ボランティア協会）
1967	四日市喘息患者訴訟	「日本青年奉仕協会」設立
1968	水俣病公害患者認定	全国社会福祉協議会「ボランティア養成基本要綱」策定
1970	大阪万国博覧会	**国民生活審議会「コミュニティ／生活の場における人間性の回復」**
1971		**中央社会福祉審議会「コミュニティ形成と社会福祉」**
1972	沖縄本土復帰	杉並老後を良くする会発足･全国に介護系ボランティア広がる
1973	石油ショック	都道府県・政令都市社会福祉協議会に「市町村奉仕活動センター」設置開始
1975	ベトナム戦争終結	**市町村社会福祉協議会に「市町村奉仕活動センター」設置開始（国庫補助）** 「中央ボランティア・センター」開設（現全国ボランティア活動振興センター） 「青い芝の会」宣言
1977		**厚生省「学童・生徒のボランティア活動普及事業」開始** 全国社会福祉協議会「ボランティア協力校」指定開始 同「ボランティア保険制度」発足

表 4-2　つづき

年	社会の主な動き	ボランティア活動･ボランティア政策の動向
1979	養護学校義務化，国際児童年	
1981	国連障害者年スタート	
1985		厚生省「ボラントピア事業＝福祉ボランティアの町づくり事業」開始
1986	チェルノブイリ原発事故	大蔵省，ボランティア基金への寄付金を非課税の対象とする法人税制の改正
1990	東西ドイツ統一 国際識字年	富士ゼロックスがボランティア休暇制度導入 経団連が社会貢献活動として「1%クラブ」を発足
1991	ソ連崩壊 湾岸戦争	郵政省「国際ボランティア貯金」開始
1992	国連地球環境会議	「全国ボランティアフェスティバル」実施開始
1993		厚生省地域福祉専門分科会意見具申「ボランティア活動の中長期的な進行方策」 文部省「高校入試の内申書におけるボランティア活動歴の積極的評価」 全国社会福祉協議会「ボランティア活動推進 7 カ年プラン構想」推進
1994	子どもの権利条約批准	
1995	阪神・淡路大震災	阪神・淡路大震災に 150 万人のボランティアが駆けつけた 人事院「国家公務員に対するボランティア休暇制度の導入」を勧告 文部省「第 1 回全国ボランティア活動推進連絡協議会」開催
1996		「日本 NPO センター」設立
1997	介護保険法成立	日本海沖重油流出事故で，海岸の重油除去作業に多数のボランティアが参加 国連総会が 2001 年を「ボランティア国際年」と決定
1998		「特定非営利活動促進法」(通称 NPO 法) が施行される
1999	国際高齢者年	
2000	介護保険実施，社会福祉法改正	多くの福祉 NPO が介護保険事業者になった
2001	ボランティア国際年 米国同時多発テロ	全国社会福祉協議会「第二次ボランティア・市民活動推進 5 カ年プラン」推進
2002		中央教育審議会「青少年の奉仕活動・体験活動の推進方策について」
2003	住基ネット本格稼動	NPO 法人が 1 万団体を超える
2004	新潟中越地震	

しかし震災時に同時に注目されたのは，わが国のボランタリズムの基盤であった地縁組織でもあった。地縁組織とは自治会・町内会だけでなくコミュニティ協議会や小地域（地区）社協など地縁に基づいた住民間の共通の課題に取り組む組織である。これらの組織の原点には相互扶助の理念があり，緊急時・平時におけるセーフティネット的役割が再び注目された。

今日の福祉ボランティアは，貧困や飢饉，震災，戦災などの厳しい環境に置かれた人びとを支援したいという仏教慈善，セツルメント，社会事業などの地域を基盤にした長年の諸活動の積み重ねのなかにその源流がある。その後市民社会の成熟のなかで，ボランティアは地域を超えて自らが見いだした課題を追求し，主体的に組織・事業を発展させてきた。しかし，社会および地域の文脈を変えていくためには，あらためてボランティアと地縁組織との関係や行政との距離を問い直し，再構築していく必要がある。

引用・参考文献

阿部志郎編［1986］,『地域福祉の思想と実践』海声社。
今田忠編［2006］,『日本のNPO史——NPOの歴史を読む，現在・過去・未来』ぎょうせい。
菊池正治ほか［2003］,『日本社会福祉の歴史』ミネルヴァ書房。
厚生統計協会［2005］,『国民の福祉の動向・厚生の指標』。
牧里毎治編［2003］,『地域福祉論』財団法人放送大学教育振興会。
中村陽一・日本NPOセンター［1999］,『日本のNPO 2000』日本評論社。
日本ボランティアコーディネーター協会［2005］,『社会福祉協議会ボランティアセンターのためのボランティアコーディネーターマニュアル』。
日本地域福祉学会地域福祉史研究会編［1993］,『地域福祉史序説——地域福祉の形成と展開』中央法規。
日本青年奉仕協会，『ボランティア白書』1992年度～2005年度。
野本三吉［1998］，『社会福祉事業の歴史』明石書店。
大阪ボランティア協会［1981］，『ボランティア――参加する福祉』ミネルヴァ書房。
――――編［2004］，『ボランティア・NPO用語事典』中央法規。
大内田鶴子［2006］，『コミュニティ・ガバナンス――伝統からパブリック参加へ』ぎょうせい。
恩田守雄［2006］，『互助社会論――ユイ，モヤイ，テツダイの民俗社会学』世界思想社。
社会福祉法人興望館［2000］，『興望館セツルメントと吉見静江』興望館。
柴田善守［1980］，『社会福祉の歴史とボランティア活動――イギリスを中心として』大阪ボランティア協会。
山岡義典［1999］，「ボランタリーな活動の歴史的背景」内海成治ほか編『ボランティア学を学ぶ人のために』世界思想社。
柳田邦男ほか［2006］，『ボランティアが社会を変える――支え合いの実践知』関西看護出版。
吉田久一［1995］，『日本社会福祉理論史』勁草書房。

Column ④ 賀川豊彦と賀川記念館

神戸市の中心地・三宮から徒歩で15分ほどの通りに賀川記念館という古い建物がある。ここはかつての賀川豊彦が活動をおこなった新川スラムが存在した地であり，1963年に賀川の活動を永久に記念し，その精神と事業を受け継ごうと建設された民間セツルメントである。神戸では震災後さまざまなボランタリー活動が花開いているが，記念館は戦後の神戸のボランティア実践の歴史を先駆的に切り開いてきた。43年間おこなってきたその活動内容は自治会や老人クラブの組織化に始まり，学童保育や青少年のクラブ活動，友愛訪問，老人給食，障害児者余暇支援，在日韓国・朝鮮人を対象とした識字教室へと活動は積み重なっている。スタッフが長年，一住民として地域にねざし，住民やボランティアらと地道なやりとりを続け，その時代に地域住民が必要とした課題に取り組んだ結果であるが，まさに日本の福祉ボランティアの歴史と重なっている。また，地域のふれあいのまちづくり協議会（神戸市における小地域福祉活動団体）や特別養護老人ホームの設立にも深いかかわりをもち，小地域における専門機関，ボランティア活動，近隣相互扶助型団体の有機的な連携をおこなっている。

本文でも述べたが，異なる背景をもつボランティア団体同士，とくに近隣相互扶助型の団体と地域に限定されず使命を重視するボランティア団体との連携が近年テーマになっている。賀川記念館は，長年地域にねざすことによって地域内の脈絡を理解し，異なる性質をもつ地域内外の団体を調整している。また，日本のボランティア活動の1つの欠点に継続性が弱いというものがある。民間セツルメントはいくつもの時代・時代の問題や時の政策に揺さぶられながらも，先人の精神を問い直しながら，命運をともにするコミュニティとの応答を続け，その時々で異なる実践を生み出し，纖細に重ねあわせてきた。現代のボランティアもセツルメントに学ぶものがあるのではないか。

第II部

自由で平等な「つながり」

福祉ボランティアがつくる新たな関係

第Ⅱ部では，福祉ボランティアがつくりだす〈新しい関係〉の前提，それを生み出し，広げるメカニズム，またそれを支えるしくみなどについて考えてみたい。まず第5章では，〈生きる価値〉や〈つながり〉がわかりにくくなっているがゆえに，それらを強く求めてやまないのが今日の社会であるという認識にたち，そこから見えてくる「福祉ボランティア」の限界と可能性について見定めておくことの必要性が語られる。ついで第6章では，気づき，切り離し，境界線，つながりをキーワードに相手と自分との間に生じる相互行為がボランティア活動をさらに多様な領域へと広げ，組織化にもつながる可能性について論じる。福祉ボランティアは，地域を超えたコミュニティと地域をベースとしたコミュニティの双方においてつながりを強めていく。第7章においてはボランティア活動において多くの女性が参加し，活動している点に注目し，ジェンダーの観点からみた福祉ボランティアの課題に言及する。ボランティアは活動の目的の達成とともにそのプロセスまでを含む行為である。この点を踏まえて第8章では，福祉ボランティアを支えるしくみとしてのボランティアの組織化とマネジメントについて論じる。

第5章　福祉ボランティアの位置を見定めること

〈生きる価値〉と〈つながり〉の称揚によって失われるもの

間瀬元朗『イキガミ』第1巻より。© 間瀬元朗／小学館・週刊ヤングサンデー連載

「福祉ボランティア」と聞くと，皆さんは何だか妙な気分になるのではないだろうか。実際に福祉ボランティアの経験者がいれば，その経験において自分とは異なる人たちとの出会いの面白さや豊かさを感じたことがある人も多いだろう。にもかかわらず，行政や学校の先生から「福祉ボランティアを通じて命の大切さを知ってください」とか「福祉ボランティアを通じて自分の生きる価値を知ってください」とか「福祉ボランティアを通じて人と人のつながりを実際に感じてください」と言われたりすると，何だか陰鬱な嫌な気分になったりもする。何だかこんなふうに「福祉ボランティア」が声高に叫ばれ，持ち上げられすぎることによって当の「福祉ボランティア」にもともと内在している，自分とはまったく異なる他者との自由で豊かな出会いが逆に失われるように思えてしまうのである。なぜだろうか。ここでは「福祉ボランティア」の位置をきちんと見定めておくことが決定的に重要になる。

1 〈生きる価値〉と〈つながり〉への強烈な欲望

「生命の価値」への再認識の強制？

「この国」には国家の繁栄を維持するための「国家繁栄維持法」なる法律がある。この法律は「平和な社会に暮らすわが国民に対し，『死』への恐怖感を植えつけることによって，『生命の価値』を再認識させること」（間瀬［2005］，12頁）を目的とし，国民に「自分が死ぬのではないか」「もし後1日しか生きられないとしたら」という感情を抱かせることを通じて，〈生命の価値〉に対する国民の意識を高め，社会の生産性を向上せんとするものである。「事実，この法律が施行されて以来，わが国の自殺件数と犯罪件数はともに減少し，逆に国内総生産《GDP》と出生率は，年々伸びて」いると厚生保健省の役人は述べる。そのためにこそ，「生命の価値」を知らしめるための「死のロシアンルーレット」がおこなわれているのだ！

具体的には，この法律に基づいてすべての国民は小学校入学時に特定感染症の予防接種を受けることが義務づけられているのだが――これは「国家繁栄予防接種」と呼ばれる――，その注射のうちの約0.1％に特殊なナノカプセルが混入されている。つまり1000人に1人の確率でそのカプセルは注入されるのだ。そして，このカプセルを注入された人間はその後の18歳から24歳までのあらかじめ設定された日時にその命を理不尽にも簒奪されることになる（間瀬［2005］，13-14頁）。なお，体内にカプセルを注入された国民のもとには死の24時間前にその日時が記載された死亡予告書，通称「逝紙《イキガミ》」が配達されることになっている。

生命の価値を称揚するためのボランティアという本末転倒なお話

漫画『イキガミ』とは以上のような荒唐無稽な舞台設定となっており，その物語構成は現実離れした感が否めないのだが，いずれにしても，物語としては「逝紙」の配達人である主人公が24時間後に死を余儀なくされた人びとにそれを手渡し，彼／彼女らが「最後の一日」をいかに生きるのかをオムニバス風に描いた作品である。

漫画は小学校の入学式のシーンから始まる。この場面で「国家繁栄予防接種」を終えた新入生を前に校長は「みなさんをはじめ，今日入学した新一年生のうちの何人かは，大人になる前に……死んでしまいます。でも，それがどの子なのかは……誰にもわかりません。だから，いつ死んでもいいように……みなさん，一生懸命生きましょうね」という言葉を投げかけるのだ――ここに「死を想え！ そして生きる価値を見いだせ！」という胡散臭さがある。

繰り返すが，漫画自体は荒唐無稽な設定であるのだが，それでもなおこの漫画を踏まえて何がしかを問うのであれば，〈「生命の価値」を称揚・強制することはいかなることであるのか？〉という「問い」の一点に尽きる。むろん，この漫画は〈生命の価値〉を高揚せんとして国家が理不尽な国策を通じて人びとの「生」を暴力的に剝奪することの〈不気味さ〉を表現していると読むことも可能であるが，むしろ私は国家であれ学校の先生をはじめとする一般の人たちであれ，あるいはいかなる方法を通じてであれ，「〈生命の価値〉を称揚・強制することがいかなる事態を出来《しゅったい》させてしまうのか？」を問うべきであると思うのだ。さらには，この章では，以上のような問いを通じて【〈生命の価値〉や〈つながり〉を称揚するためにこそ「福祉ボランティア」が必要であると位置づけられることによって見えなくなってしまう問題，失われてしまうものとはいったい何なのか？】について考えてみよう。

〈生きる価値〉や〈つながり〉を求めてやまない社会

漫画の各巻の裏表紙に書かれた「死んだつもりで生きてみろ。」「生きること……それは，願うこと――」「生は暗く，死も暗い……だから輝かなきゃダメなんだ。」という言葉こそが，「国家の恐怖による統治」よりもはるかに深刻な事態の根深さを映し出している。まさにこうした根深さを象徴するような物語《ストーリー》として，第2巻では，認知症の高齢女性から「赤紙」1枚で出征させられ戦死した亡き「夫」として思い込まれていた，特別養護老人ホームにてケアワーカーとして働く青年の「死への旅立ち」の話がある。その内容の詳細は割愛するが，その青年の「余儀なくされた死（死の覚悟）」と亡き夫の「余儀なくされた死（出征）」が〈二重写し〉にされる場面が描出されるのだが――青年は高齢女性に向かって彼女の名を呼び，「家んこと，頼んだけぇ。」という言葉を残して息を引き取っていく――，まさにこのような美しく泣ける物語にこそ，そしてそれが少なくない人びとに「感動」をもって受容されてしまうような状況にこそ，私たちの社会に充満する〈生命の価値〉〈生きる価値〉〈つながり〉に対する強烈な欲望を容易に読み解くことができるのだ！

だからこそ，私たちは，現代の〈生きる価値〉や〈つながり〉をことさらに求めてやまない社会において「福祉ボランティア」がさしたる抵抗もなく「よいもの」として受け取られてしまう危うさをきちんと読み解いておく必要がある。また，そのうえで

「福祉ボランティア」の限界と可能性をきちんと見定めておくことが求められるだろう。

生きる価値やつながりの称揚・強制によって見えなくなること

こうした〈生きる価値〉や〈つながり〉を求めてやまない社会においては，人と人の強い絆やつながりは肯定的にとらえられる。むろん，多少の「うがった見方」はあるにせよ，福祉ボランティアそれ自体を全面的に否定する人はそういない。むしろ，ある人たちは「〈生命の価値〉や〈生きる価値〉を実感してもらうためにも，ボランティアを積極的に若い人たちにやらせるべきである」と言うのだ。こうして「ボランティアの義務化」が提案される。

だが，翻って考えてみよう。たとえば，大学生があるきっかけで障害のある人たちのところにボランティア（介助）に出かけていくことになったとしよう。最初は見習い状況であったが，しだいにその当事者にとってその大学生の介助は不可欠なものとなる。まさにその学生の介助なしには日々生活していくことが困難となる状況になってしまうのである。その学生も自らの〈生きる価値〉や〈つながり〉を実感していたのだが，その一方で自分がうかつにも休んだりしたらその当事者にとってまさに「死活問題」になることを大きな負担に感じるようになっていく。当事者の側からすれば，その学生が「負担に感じていること」が何となく重苦しく，やはり気がねもしてしまう。だが，いくら重苦しくとも，気がねしてしまうといっても，やはり背に腹はかえられず，生活のため，さまざまな思いと感情を胸にしまいこむのである。このようにして両者の関係は抜き差しならぬ関係に陥っていく。

ここで，もはやこの学生も当事者もこの関係を断ち切れなくなる。このようにおこなわれるべき介助がおこなわれないことで，当事者が不利益を被るのであれば，その学生のボランティア（介助）は当事者にとって少なくとも有益な行為である。だが，本来そこで問うべきは，むしろ「本来的におこなわれるべきことが公正な分配を通じて十分におこなわれていない状況」にこそある。平たく言えば，「おこなわれるべきことが十分におこなわれていない状況」においては，その学生の自発的なボランティアは，おこなわないよりはその当事者にとっておこなうべき（利益となる）行為であるが，皮肉にも，そのことはその当事者にとって学生のボランティアなしには生きていけない状況を生んでしまう。それと同時に，学生にとっては過重な負担を担わざるをえない状態をつくりだすことによって，両者の関係は「抜き差しならぬ関係」に陥っていってしまうのだ。ここにおいて「誰が誰に対していかにして負担すべきであるのか」という問いは見えなくなり，また利害関係を超えた両者の自由で偶発的な関係性は失われてしまうことになる。

簡単に言えば，「福祉ボランティア」が称揚されることによって，ボランティアする側の〈生きる価値〉や〈つながり〉だけに関心が集まってしまうことで，私たちの社会における**分配**の問題――誰もがボチボチと生きていけるために誰が，どのように，どの程度負担を担うべきなのかという問題――が見えなくなり，また利害を超えた自由な他者との関係が失われてしまうことになっていくのである。こうして私たちの社会の「穴」が見えなくなってしまうのだ。

2「福祉ボランティア」の位置を見極める

福祉ボランティアってよいことなの？

ボランティアは，一方で何となく「よいこと」と解釈されながら，他方では「しばしばそれは危ういことである」と批判の的になることがある。また，ボランティアの語源であるラテン語の「自由意志 voluntas」を引きつつ，その行為が「強制でない限りにおいて認められるし，認めるべきである」と指摘されながらも，同時に，まさにその「自由意志」や「**自発性**」こそが市民社会における「動員システムへの主体的な自己規律化」へと駆動している当の主動因になってしまうことが批判される（たとえば中野［1999］，90 頁）。あるいは，ボランティアが「無償」であることによって，それが「ただ働き」となり，結果として国家が担うべき負担を回避させてしまっているという批判もある。

問題はおこなわれるべきことがおこなわれていないことにある

ここで単純に考えてみよう。かりに誰かが率先して自発的に何がしかをおこなうこと——たとえば，コンパの幹事を自発的に引き受けることなど——それ自体は「悪い」ことではない。自らにとってよい行為であり，また他者（周囲の人）たちにとってもよい行為であるのなら，それ自体は「悪い」ことではない。むしろ，先述した学生の介助ボランティアを例にとれば，おこなわれるべきこと（介助ボランティア）がおこなわれず，そのことによってある人たち（前例では障害のある人）がよくない事態（地域で生きていけないなどの事態）にあるならば，その行為（介助ボランティア）をおこなわないよりはおこなったほうがよい。より正確に言えば，自らの自発的な行為によって，逆にその行為にともなう「負担」を免れてしまう人たちがいるとすれば（障害のある人の介助を家族やボランティアに押しつけることで私たちはお金や労力を負担しないですんでいる），そのことを批判しつつ，あるいは自らがその行為をおこなわないことがかえってある人たちがよくない事態に晒され続けてしまうことになること（介助ボランティアがなければ障害のある人は生きていくことができないこと）を痛烈に批判しつつ，当の行為を遂行することそれ自体は否定されるべきことではない。したがって，要するに，当のボランティア行為それ自体は否定されないが，本来的には「おこなわれるべきことが十分におこなわれていない」事態こそが事の本質的問題であるということになる。

「＋α」としての福祉ボランティア

逆に言えば，①誰がその行為をおこなうべきであるのか，資源の供給主体となるべきであるのか，②その供給財・供給主体を誰が決定するのか，③誰がその供給に対する責任を担うのか，を分けて考えたうえで，①′供給主体の複数性・多元性は支持されること，②′消費者による選択が望まれること，③′国家による強制的な徴収に基づいた財の分配を通じた責任が担われるべきであること（たとえば立岩［2000］），この3点が字義どおり「社会的」に遂行されるならば，福祉ボランティアそれ自体は否定されるものではないと言えるだろう。つまり，平たく言えば，すべての人がつつがなく生存・生活していけるだけの分配がなされているのであれば，「＋α」としての福祉ボランティアは批判されるものではないし，それはその〈範囲〉で基本的には支持される行為であろう。要するに，「＋α」としてのみおこなわれるという位置づけにおいて，換言すれば〈範囲〉と〈限界〉が明確に設定されている限りにおいて，福祉ボランティアは基本的に支持されるであろう。もっと平たく言えば，ボランティアは「それ以上でもそれ以下でもない」行為であると言えるのだ。しかしながら，その「それ以上でもそれ以下でもない」というところにこそ，人が生きる営みにおいて大切な部分もはらんでいるとも言えるのである。

前節に見たように，現代社会における〈生きる価値〉や〈つながり〉への強烈な欲望によって福祉ボランティアをことさらに美しいものとし，持ち上げてしまうことで，「分配の問題」が見えなくなり，また「利害を超えた**自由な他者との出会い**」が失われてしまうのだ。

3 〈生きる意味〉と〈つながり〉を求めてやまない社会のなかで

〈生きる価値〉と〈つながり〉の礼賛？

現代日本社会においては，「〈繋がり〉の社会性の上昇」（北田［2005］，206頁）などの指摘に端的に現れているように，「つながりへの強烈な欲望」が頻繁に言及される。ある意味では反復的とも言いうるほど，携帯電話，2ちゃんねるやミクシィなどのメディアを通じて「つながっていること」それ自体が自己目的的《コンサマトリー》に遂行されているコミュニケーションのあり方が記述されているのだ。とは言え，この現実の指摘それ自体は間違った認識ではないにしても，このような「つながりのためのつながり」とでも呼ぶべき「〈繋がり〉の社会性の上昇」それ自体に対する是非については，一方ではそれを肯定的に言及し，他方で否定的に指摘する言説が見られ，その是非は分かれている。だとすれば，私たちはこの「〈繋がり〉の社会性の上昇」の時代にあって，そのそれぞれの是非について真面目に考える必要があるだろう。

また，医療や福祉等の領域においては「QOL」や「生きる意味」が声高に叫ばれ，そのためのケアやセルフヘルプグループの重要性が説かれる。あるいは，私たちの社会におけるさまざまなつながりの有りようやそれがつくりだされていく場が記述される（たとえば好井編［2005］，浮ヶ谷・井口編［2007］）。さらには，「社会的排除」に抗うための地域社会の再構築や新たな連帯の可能性が提示される。「福祉ボランティア」が拓きうる可能性もこのような文脈のなかにおいて位置づけられることが多い。私はこの指摘も概ね間違ってはいないと思うが，やはり〈生きる意味〉や〈つながり〉が持ち上げられすぎていると思う。基本的に押さえるべき現実がどうも誤読《ミスリーディング》され，問うべき問いが消失してしまっているように思うのだ！

「当事者主権」がウケる理由？

さらには，たとえば，この数年で「当事者主権」なる言葉は――それが意図せざる結果としてではあれ――ある種の強度をもって消費され，人口に膾炙《かいしゃ》した言葉となった。2003年にその名もズバリ『当事者主権』を上梓した中西正司・上野千鶴子はその言葉を以下のような意味として言い表した（中西・上野［2003］，2-3頁）。詳細な定義は割愛するが，要するに「当事者・主権」とは〈「必要（ニーズ）」に対する「新しい現実をつくりだそうとする構想力」によって「もうひとつの社会」を構想する人びとが，「誰にも譲ることができないし，誰からも侵されない」で自らの決定を遂行する権利〉を意味している。

だとすれば，ここで問うべき第1の〈問い〉としては，この「当事者・主権」をめぐる言説がある種の「支持」を獲得しつつ広範に普及・流通してしまっている力学をいかに考えるかである。第2に，上記の「当事者・主権」を前提にするのであれば，「こうあってほしい状態に対する不足」は誰もが実にさまざまな事柄に対して――論理的には無限に――感じとるものであるゆえに，そしてその「必要」に対する「新しい現実をつくりだそうとする構想力」はいかようにも抱きうるものであるゆえに，何が「必要」であり「不足」であるのかを定めることが困難となる――その概念規定上から言って，論理的には無限につくりだされていくものとなる。だとすれば，論理的には，受け取る側の「私は（も）満たされていない！」といった「必要」のインフレーション，「不足」に対する承認への欲望が高度化・肥大化することに接続していくことになるのだ。だからこそ，何が「必要」であり，いかなる「不足」への要求がどの範囲で，いかなる限界設定のもとで認められるのかについて考えておくべきであろう。第3には，〈主権＝「誰にも譲ることができないし，誰からも侵されない」で自らの決定を遂行する権利〉という言葉が，国家ではなく他者を宛先にしつつ，自らが他者に譲ることも他者から侵されることもないよう自らの決定を遂行する権利として定位されていることがある。そのために，その定義は誰にも開かれたものであると同時にその範囲が無限定になっており，先述した〈生きる価値〉や〈つながり〉への強烈な欲望と奇妙に結合してしまっているように思うのだ。そして，やはり「誰が誰に対して，どのように，どの程度負担を担うべきなのか」という「負担の問題」が，言い換えれば「分配の問題」が見えにくくなってしまうのである。

このように「当事者主権」という言葉が広範に受容されるような現代社会において，〈生きる価値〉や〈つながり〉を求めてやまない事態のなかでこそ，私たちは〈他者〉の位置をきちんと見定めておくことが必要なのである。そのうえで，その現実の只中で，私たちはいかにして「福祉ボランティア」の限界と可能性を問い直すことができるのかを考えていくことができるであろう。

4 〈他者〉の位置

私とは異なった他者が現れること

かつてH. アーレントはギリシア時代には明確に峻別されていた私的領域（オイコス）と公的領域（ポリス）が，近代社会における〈社会的なもの〉の勃興によって――すなわちこれらの2つの領域の結合によって――，もともとは私的領域でなされていた人びとの生命／生存の維持が〈社会〉の範域内で「生存権の保障」の名のもとにおこなわれるようになり，これによって生活の利害を超えて達成されるべき自由な政治性が失墜し，〈社会的なもの〉による権力が強化されるという事態を憂慮した。やや難しく言うと，「社会的なるものが押しつける一様化《コンフォーミズム》」によって「共約不可能である他者」の「現れの空間」である〈公共性〉と，それを倫理的基盤とした〈政治的なもの〉が消失してしまう事態を告発したのである。

途轍もなく平たく言ってしまえば，人びとの関係が「衣食住」をはじめとする自らの生活・生存上の利害・利得をもとに形成されてしまう結果，自らとは決定的に異なる他者との利害を超えた自由で偶発的なコミュニケーションが困難になってしまう事態を批判したのだ。

生命／生存の保障が他者との自由を可能にする

実はアーレントの論考は「逆」から考えることもできる。つまり，アーレントはギリシア時代では「衣食住」などの生命／生存の維持が十分に私的領域（オイコス）でなされていたからこそ，その利害を超えた場が，つまりは自分とはまるで異なる他者との自由で豊潤な関係が可能となることを指摘していたと言えるのである。決定的に重要なのは，むしろ私たちは「生命／生存の維持」の保障が徹底的になされない限り，自らとは異なる身体を生きる他者との邂逅は不可能であることを逆説的に明示している点なのだ。

徹底した分配の保障こそがもっとも基底的な肯定であること

もっと単純に，福祉の「消費者（受け手）側」の視点から考えてみよう。たとえば，福祉が「供給者側」による「自由意志（自発性）」や「善意」によってなされている行為であると位置づけてしまうことによって，あるいは「消費者側」に対する「供給者側」の「承認」や「肯定」が過度に持ち上げられて語られてしまうことによって，ある現実が完全に不可視化されてしまうことがある。むろん，「供給者側」における自発性や感情，あるいは承認や肯定それ自体を完全に否定するわけではないが，そのように位置づけられることによって，むしろ私たちの社会において「消費者側」の人たちの存在が強く否定されているという事実を看過してしまうことにもなる。それは自明であるように思う。たとえば，「供給者側」の「自発性」や「善意」に基づいて，つまり「恣意的」に「消費者（受け手）側」の生活・生存に必要なことが供給者側の都合で供給されるのでは端的に言って「消費者（受け手）側」にとってはたまらないことである。決定権・裁量権が相手側にあっては，安心して生活することはできないのだ。

あるいは，「供給者側」が「介助をすることで私が助けられている」「彼らに関わることで生きる価値を考え直した」などと過剰な意味付与をともなって供給されたのでは，それは「消費者（受け手）側」にとって面倒なことであるし，煩わしくもあろう。「供給者側」の期待につねに応えなければと思うのもしんどいことではある。これも端的な事実である。

要するに，「消費者（受け手）側」にとっては「自発性」や「善意」に基づいて必要なものが供給されること，過剰な意味付与をともなって供給されることはおおよそ面倒なことなのである――少なくともつねに心地よいことではない。そのように考えるのであれば，「消費者（受け手）側」にとっては公式的で形式的で安定的に当人にとって必要なものが供給されることが望ましいと言える。あるいは，「供給者側」が「消費者（受け手）側」を「肯定」「承認」することよりも，徹底した分配の保障こそがもっとも基礎的な肯定であると言えるであろう。

自由な出会いを可能にするための分配

以上を踏まえても，第2節にて言及したように，国家による強制的な徴収に基づいた財の分配を通じて「責任」が担われることによって（第一義的に国家がその義務と責任を担うべきであること），その資源の供給主体は複数あり，多様であることを認め（資源の供給主体の複数性・多元性を認めること），ただしその決定は消費者が決定すること（供給財・供給主体の決定は消費者であること）が支持されることになる。

繰り返すが，かかる言及はアーレントの議論を踏まえて論考したことと矛盾しないどころか，むしろその基底的条件とさえなる。つまり，国家による強制的な徴収に基づいた財の分配を通じて「生命／生存の維持」が可能となることを条件として——あるいは誰もが生きるために必要なものを享受することが可能となることによって——，私たちははじめて自らとは決定的に異なる身体を生きる他者との邂逅が可能になり，その場において生じうるさまざまな感情や距離や承認や肯定の欲望も許容しうるものとなるのである。

5 〈他者〉の現れの場として

意のままにならぬ他者が在るということ

私たちは日々さまざまな出会いを経験する。私たちの日常はこうした相互行為の連続によって成立している。そして，家族には家族の，会社には会社の，都市には都市のコミュニケーションの形式が存在する。しかしながら，どのような出会いにあっても，私たちは自らでは意のままにならない他者——自らでは統制《コントロール》できない他者——の存在をつねに感じ取っている。そして，そうした他者の存在こそが私たちの生活に幸福と不幸を与えている。

このような意のままにならない私とはまったく異なる他者との

利害を超えた自由な邂逅は，徹底した分配による生命・生存の維持が保障されることによって可能となるのである。

現代社会が〈生きる価値〉と〈つながり〉を求めてやまない社会であるからこそ，〈生きる価値〉と〈つながり〉だけが妙にクローズアップされることで見えなくなってしまう現実をきちんと見極め，徹底した分配によって生命・生存が保障されることにより，異なる他者との自由で豊潤な出会いが可能となることを見定め，その「自由」の契機となりうるという視点から「福祉ボランティア」をきちんととらえ直すことが求められるのである。

引用・参考文献

天田城介［2003a］，『〈老い衰えゆくこと〉の社会学』多賀出版。

――――［2003b］，「高齢者福祉サービスの市民事業化における陥穽と可能性（1）――高齢者福祉 NPO の市民動員化をめぐる政治学」『社会関係研究』8（2）：189-226。

――――［2004a］，『老い衰えゆく自己の／と自由――高齢者ケアの社会学的実践論・当事者論』ハーベスト社。

――――［2004b］，「感情を社会学する――看護・福祉の現場における感情労働」早坂裕子・広井良典編『みらいを拓く社会学――看護・福祉を学ぶ人のために』ミネルヴァ書房。

――――［2004c］，「抗うことはいかにして可能か？――構築主義の困難の只中で」『社会学評論』219：223-43。

――――［2005］，「『生命／生存の維持』という価値へ――『公共圏／親密圏』という構図の向こう側」『家族研究年報』30：17-34。

――――［2007a］，『〈老い衰えゆくこと〉の社会学』（普及版）多賀出版。

――――［2007b］，「二重の宿命による〈生の根源的肯定〉の（不）可能性」『保健医療社会学論集』17（2）：12-27。

――――［2007c］，『「承認」と「物語」のむこう（仮題）』医学書院。

アーレント，H.／志水速雄訳［1994］，『人間の条件』ちくま学芸文庫。

石川准［2004］,『見えないものと見えるもの――社交とアシストの障害学』医学書院。
北田暁大［2005］,『嗤う日本の「ナショナリズム」』日本放送出版協会。
間瀬元朗［2005］,『イキガミ（1）』小学館。
中西正司・上野千鶴子［2003］,『当事者主権』岩波書店。
中野敏男［1999］,「ボランティア動員型市民社会論の陥穽」『現代思想』27（5）: 72-93。
立岩真也［2000］,「多元性という曖昧なもの」『社会政策研究』1 : 118-39。
浮ヶ谷幸代・井口高志編［2007］,『病いと〈つながり〉の民族誌』明石書店。
好井裕明編［2005］,『繋がりと排除の社会学』明石書店。

Column ⑤ 脱社交的感情公共性？

「認知症」と呼ばれる高齢者のお宅にボランティアで頻繁に通っていた時がある。その人は当時80代後半の男性で，元小学校の先生ということもあってか，とても礼節を重んじる方であった。また，自らの行き場のない怒りや憤懣や悲しみなどの感情を適切に自制・管理し，他者への配慮を絶対に欠かさない方であった。

だが，ボランティアとして関わる期間が長くなればなるほど，その男性もいつも「よそいきの顔」をしているわけにはいかなくなった。あるいは，長時間一緒にいると，私がおこなった実にささいなことがそれまでその男性が何とか自制・抑圧していた感情を一気に爆発させてしまうような「地雷」となることがあった。ある日，いつものように熱いお茶を目の前に差し出すと，突然，その男性の表情は一変し，鬼のような形相で「テメー，バカヤロウ！」とこれまで聞いたことのない汚い言葉で彼の妻と私を激しく罵ったのである。だが，援護射撃をしてくれた妻が負けじと「あんた，苛立つのは分かるけど，それを言われたほうの立場になってみなさいよ！」と強い口調で反論し，私にも「あなたも自分の思っていることを言って！」と要求したのだ。私も「今の言葉はあまりだと思います」といったようなことを言葉にした。だが，私たちの関係はそれまでの感情を自制・管理し，社交的に振る舞っていた関係から大きく一変した。より正確に言えば，そのような社交的な関係を維持しつつも，時として，状況に応じて，自らの感情をポツリポツリとお互いに表出するような関係へと変容していったのである。

石川准［2004］はこのような「社交」の挫折から新たな，より深い親密な関係が始まることがあること，そのような関係を通じて「脱社交的感情公共性」が立ち現れることがあることを指摘しているが，福祉ボランティアという活動には，このような「社交的関係」が根底から揺さぶられ，どっちに転ぶかわからないような場面がある。だが，それこそはその高齢者の生存・生活がきちんと保障されたうえで，はじめて可能となる関係なのである。

第6章

福祉ボランティア活動が広げる「つながり」

コミュニティにおける「包摂」へ

写真提供：CSN

写真は，大学生が主体となってさまざまなボランティア活動をおこなっているNPO団体の活動の一場面で，外国籍の児童・生徒への学習支援活動である。かれらは外国籍の児童・生徒に対する学習支援やスポーツをとおした支援などをおこなっている。外国人にかかわる活動のきっかけは気づきであった。それは活動を継続する基盤にもなっている。自治体や企業による外国人労働者への生活支援が不十分なとき，ボランティアはかれらの生活を支える重要な役割の担い手となる。個人の気づきは人と人，人と組織，組織と組織とのネットワーキングといった形で「つながり」を生み，強めていく。ふとした気づきから始まるボランティア活動の広がりについて考察する。

1 ボランティアへの契機

●「切り離し」から「つながり」へ

日本における日系ブラジル人の増加：進む滞在長期化

2006年末現在，日本における外国人登録者数は208万4919人である。同時期の日本の総人口1億2777万人に占める外国人の割合は，1.63％になる。多い自治体では住民の1割以上が外国人となった自治体もある。国籍別に見ると，韓国・朝鮮が一番多く59万8219人で全体の28.7％を占める。以下中国，ブラジル，フィリピンの順に多い。このようにかなりの数の外国人が日本で社会生活を営んでいる。そのうち日系ブラジル人をはじめとする**外国人労働者**は出稼ぎなどの一時的な滞在者として見られることが多い。しかし今や自動車，電子産業などを中心に労働力の不足を補うためにかれらは欠かせない存在となっており，これらの産業が立地する一部の自治体では外国人の増加と滞在の長期化に伴うさまざまな問題の解決が大きな課題となっている。ここではとくに近年その増加と集住が注目されている日系ブラジル人の生活をめぐる課題を事例に，福祉ボランティアの果たす役割について考えてみたい。

人間が生きて生活を営むためには，働くだけではなく活力を養う必要がある。そのための休息や余暇も，人が生活を送るなかでは大切な位置を占める。生活には「人びと自身の生命と活力の維持・再生産とつぎの世代を生み育てるという生命と活力の世代的な維持・再生産の営みが含まれている」（古川［2005］，52頁）のである。日本で生活をしている外国人労働者の生活の営みもこのような意味での生活の営みであるが，かれらやその家族は日本人が享受しているのと同じようには，養育，健康などにかかわるサービスを利用することができていない。ここに福祉的な課題がある。

福祉ボランティアの果たす役割：同じ生活を営む存在として

当初かれらは出稼ぎの労働者として日本に滞在していたとしても，出会いがあれば結婚し，家族を形成することもある。そして，生活を送るなかで疾病や失業などさまざまな困難に遭遇したり，場合によっては離婚や死別といった家族の別れを経験したりすることもある。労働者としてのかれらはまた，次世代の子どもたちを生み育てるという大切な役割も担っている。そこには日本人，外国人の違いはない。同じ生活を営むものとして，今この日本に存在しているのである。そしてさまざまな生活上のニーズ，広い意味での福祉ニーズをもっている。しかし外国人の福祉ニーズは現行の社会福祉制度の狭間にある。外国人労働者やその家族が必要とするサービスにかかわる現在の制度は，たとえば多言語による相談・情報提供が不十分であるなど，かならずしも外国人の生活ニーズに十分に対応できてはいない。たとえかれらにとっては外国である日本に住んでいたとしても，生活者でもあるかれらには，人間として，人間らしく生きる権利の保障が求められるのである。したがって生活者としてのかれらの生活を支えるしくみが必要とされる。ここではその構築の可能性を生活福祉に探る。すなわちそれは生活者としての市民生活の共同関係のなかで生み出された生活課題解決の主体的・自発的な方策であり，広い意味での福祉である。そしてそのような意味での福祉にかかわるボランティア活動の広がりについて考えたい。自治体や外国人を雇っている企業によるかれらへの生活支援が不十分なとき，ボランティアやNPOは生活課題の解決において重要な役割を担うのである。同じ生活者としての立場からの**気づき**が，外国人にかかわるボランティア活動のきっかけとなり，活動を継続する基盤にもなっている。気づきが大切なのは，無意識な行動による排除が結果として外国人の社会参加の機会を奪うことになっているからである。

ガイジンという意識：「切り離し」という実践

私たちは外国人を，ずっと日本に住んでいる人，もしくはこれからも日本に住んでいく人としてではなく，一時的な滞在者として認識していることが多い。そのため私たちは，たとえばアジアから来ている人びとに対しては，出稼ぎに来ているガイジンとしてとらえ，外国人労働者としての側面にだけ注目しがちである。たとえ外国人が近所に住んでいたとしても，隣人としてではなく，「デカセギ」のガイジンといったように，一時的な滞在者としてしかとらえていないのである。

かれらをガイジンとしてとらえるとき私たちには，日本に永住するのは日本人でありそれ以外の人は一時的に滞在する人にすぎないのだという意識が，無意識にではあるが働いている。それは自分と相手との間に境界線を引くような，ウチ－ソトという区別の意識とも，われわれ－よそ者という意識ともいえる。多くの人びとは，無意識のうちにこのような境界線意識を伴う思考のもとで，かれらをガイジンとして位置づけ，無自覚にではあるが自らの日常世界から切り離している。

しかしもう少し複雑な意識構造もそこには考えられる。「自分と相手とは違う存在だ」という意識は，相手の存在を境界のソト側にいるガイジンとして認識させ，自らとかかわりのあるものとは位置づけない。つまり自分の関心領域に入れないことが，相手に対して無関心な状態であることを可能にするのである。このガイジンに対する無関心は，差別をするということ以前の問題なのである。なぜなら相手に対して無関心であるならば，自分の心の奥にある相手に対する差別意識が心の表面に現れてくることはないからである。

このように，相手を認識してはいるけれど無自覚なままに自分の日常世界から切り離し，あえて相手との**つながり**をつけようとしないこと，または自分の関心領域には入れないで無関心でいることを**切り離し**と呼ぶことにする。

これに対しつながりをつけるということは，困難な状況に置かれた人びとの抱える問題にかかわるということである。つながりをつけることで私たちは，傍観者ではなく相手と同じ場に立つことになる。しかしそれは「自分自身をひ弱い立場に立たせること」，すなわちバルネラブルな状態に自らを置くことも意味する（金子［1992］，112 頁）。したがって私たちの切り離しという実践は，相手との関係を断ち，相手との間に境界線を引くことで，自分自身をひ弱い立場に置くことを避け，自分自身をリスクから守っていることになるのである。

一方，ガイジンの切り離しに対し，つながりへの継続的な実践といえるような外国人にかかわる活動をしているボランティアもけっして少なくはない。なぜかれらは，自らをあえてバルネラブルな状態に置くことを選択し，ボランティアとして外国人にかかわる活動をするようになったのか。

2 福祉ボランティアへの変容

多様なきっかけからの気づき

外国人を支えるボランティア活動の種類は数多く，たとえば日本語ボランティアや医療通訳ボランティア，児童に対する教科学習のサポート，ドメスティック・バイオレンスを受けた外国籍女性のための受け入れ場所としてのシェルターなどがあげられる。では，このような活動を始めたきっかけは何であろうか。

川崎市内の日本語ボランティアなどを対象にした調査（2002年）では，ボランティアを始めたきっかけとして「何かボランティア活動をしたいと思って」という漠然としたものから，「国際交流に興味があった」という興味関心や，「外国で暮らした経験を生かそうと思った」「日本語に関する資格・知識を生かそうと思った」という自分の知識，経験を生かそうとするものなどが多い。その他個別の「市民館の人権講座に参加して」「中国はじめアジア諸国の人たちと草の根交流をしたいと思った」「外国で暮らしていたとき，地域の人に親切にされ助けられたので，私も何かできればと思い始めました」など学び，関心，経験による気づきをもとにボランティアを始めた例もある。

気づきから福祉ボランティア活動へ

日系ブラジル人が集住する浜松市では，2002年に大学生たちが外国籍の子どもたちをサポートするための組織であるCSNを立ち上げた。子どもたちの学習を支援するのが目的だ。外国籍の子どものホームレスから片言で小銭をねだられたことから「小学生ぐらいの年齢なのに，どうして学校へいっていないのかとショックを受けた」のがきっかけとなり，その思いに共感した学生たちが集まった。

グループのメンバーのAさんは親の仕事の都合で，高校からこの浜松市で暮らすようになった。外国人が多いことは街を歩いて感じてはいたが，かれらがどこから来たのか，どのような仕事をしているのか，とくに気に留めることもなかった。けれどもあるとき，先輩から外国籍の子どものホームレスがいることを聞いて，とてもショックを受けたのだ。そして，学生同士，また先生とも相談をしながら，「日本語を教える知識はないけれど，学校の勉強なら学生である自分たちにも教えることができるんじゃないか」「年の近いお姉さん，お兄さんとして勇気づけることもできるだろう」と考えて，活動を始めたという。

それまでAさんは「自分と相手とは違う存在だ」として，相手の存在をガイジンとして認識しつつも，自分のなかで意識的に位置づけることはなく，相手に対して無関心だった。それが，外国籍の子どものホームレスの話を聞くことをきっかけに行動を起こしたことで，かれらはAさんの前に具体的な顔の見える個々の存在として現れた。それはAさんとかれらとの出会いなのである。

そして，ふとした気づきをきっかけに始まったボランティア活動は，相手とのつながりを強めていくにつれて，より深く相手の生活にかかわっていくことになる。以下，福祉ボランティア活動がどのように相手とつながりをつけ，福祉の領域に関心をもちその活動を深めていくのか，外国人の置かれた状況とそれにかかわる活動を事例に考えてみたい。

3 福祉ボランティア活動が果たす役割

●「つながり」を強め，広げる

個人の気づきが強める「つながり」

Aさんは活動を始める前は，日系ブラジル人は「デカセギ」だから，自分たちとは関係のない人で，稼ぐだけ稼いだらすぐに帰るだろうと気にも留めていなかった。けれどもかれらとの交流が始まって，ボランティアで子どもの勉強を見るなど，相手との関係が深まっていくなかで，かれらにも自分と同じように大切な家族がいて，友人がいて，この日本の社会のなかで一生懸命に日々の生活を送っていることに気づいた。

いくら外国人の数が増え，日常生活で目にする機会が増えたとしても，切り離しの実践によって相手をガイジンとしてとらえ無関心のままである限り，相手との出会いもなくつながりをつけることもできない。けれども相手の存在への気づきをきっかけに，相手とつながりをつけ，相手とかかわることを続けるならばそのかかわりは，相手のニーズへの新たな気づきを私たちにもたらす。気づきは，ボランティア活動を始める前だけではない。ボランティアを始めてからも繰り返し私たちに訪れるのだ。この気づきは，コミュニケーションをとおして相手に対する理解を深めていくうちにより深まっていく。そしてそこで得たことをもとに自分たち以外の他者にも働きかけ課題解決をともにめざすのである。ボランティアとは他人の問題を「自分から切り離したものとはみなさず，自分も困難を抱えるひとりとしてその人に結びついているという『かかわり方』をし，その状況を改善すべく，働きかけ，

『つながり』をつけようと行動する人」（金子［1992］，65頁）であるといえる。

外国人を支援するボランティア活動の始まりは，1人からということも多い。外国人と何かのきっかけで知りあって，日本語のサポートをする，相談に乗る，一緒に病院に行く，子どもの勉強を手伝う，といったものである。相手との関係が深まっていくにつれて，ほかの外国人とも知りあいになり，問題の多様性と根深さに気づいていき，1人ではできない問題も見えてくる。そのようなとき，周りの友人や知人に声をかけ，それに応じた人びとによってグループがつくられていく。すべてのニーズに1つのグループで応えることは難しいので，すでに活動している組織とつながっていくこともある。

個人の気づきはこのようにして変容し，自分と相手との間にだけではなく，あらたな人と人，組織と組織とのネットワーキングといった形でつながりを生み出し，強めていく。そしてさらにはその「つながり」が多様な方向へと広がっていく可能性をもつのである。

活動をとおして強まり，広がる「つながり」

先にあげたグループは，最初は外国籍の子どもたちとのかかわりから始まった。その後，子どもたちとのコミュニケーションをとおして，また，子どもの親たちとの出会いをとおして，さらには他のグループとの出会いをとおして，活動をさまざまに展開していった。そしてグループ自体も，1つの大学だけにとどまるのではなく，周辺の理工系の大学も含めた複数の大学によるネットワーク団体として広がりを見せていった。現在ではコミュニティづくりという視点から，外国籍児童だけではなく，ホームレスへの食事提供など，幅広い活動をおこなっている。学生たちが企業に働きかけたことによって，企業による子どもたちのためのイベントもおこなわれるようになった。外国籍児童たちの学習支援だけではなく，サッカーチームもつくった。練習をとおして友達が増え，他のチームと試合をすることで新たな出会いもある。

グループの活動はつながりを強め広げることをとおして，外国人にかかわる活動を基盤とした地域を超えたコミュニティの構築と，外国人以外にも対象を広げる形での地域を基盤としたコミュニティでの幅広い活動の両方へと，その活動を展開していく。

組織的に外国人にかかわる活動も，最初は国際交流や日本語ボランティアなどから始まることが多い。そのような活動をとおして相手のことを知るにつれてつながりは強まり，相手の背後にあるさまざまな生活課題に気づくようになる。悩みを相談されることもあるだろう。そして，1人の人間としての相手を支えるために，多様な方面へと活動は展開し，必要に応じて他の地域にある団体や，行政機関などに働きかけるといったつながりの広がりも現れるようになる。

また，外国人と出会ったことがきっかけで，地域のなかの高齢者や障がい者など，ほかにもさまざまなニーズをもっている人がいることに気づくこともある。さらには，社会の制度やしくみそのものに矛盾を感じ，それを変えていくための先駆的な活動の実践や働きかけをおこなう組織もある。

福祉ボランティア活動とは，このように地域を超えたコミュニティと地域をベースとしたコミュニティの双方において「つながり」を強め，そして広げていくことのできる活動でもある。

「つながり」がもたらす自己変容：「境界線」への気づき

先にあげた川崎市の調査において，活動をきっかけに自身が学んだと思うことはあるかという問いに56％の人が「たくさんある」，35.3％の人が「ある」と答えている。その内容は「今まで自分と関係がないと思っていた問題が，自分の問題でもあることを強く感じ，歴史，国際関係，日本社会の状況を自分なりに把握でき，考えていけるようになった」「外国人に対して，自分は偏見をもっていないと思っていたが，実際に学習をとおしておつきあいが始まると，自分の心の狭さに気がついた」「外国の文化や習慣が日本とは違っていることをよく学べる。日本人も外国人も同等につきあっていくのに必要なものをここで学べる」「学習者だけでなく，ボランティアもさまざまな年齢や経験をもった人が集まっているので，いろんな考え方や話題について触れることができる」「ボランティアも基本的には人間関係が重要と知った」と多岐にわたる。

戦争体験のある世代が「自分も同じ立場だったかもしれない」という気持ちから中国帰国者の家族にかかわる活動を始め，その活動をとおして，同じ日本人とは言ってもこれまで過ごしてきた文化的背景の違いや生活習慣の違いによる日本での生活の難しさや，年を取ってからの就職の困難さなどに気づく。夫の赴任により家族での海外滞在経験をした女性は「自分が現地で親切にしてもらったから，今度は日本で外国人の役に立ちたい」と活動を始めたものの，自分が滞在していた都市にくらべて，外国人に対する対応が十分でないことに気づく。転校が多かった若者のなかには「自分が転校して新しい土地，新しい環境で友達もいなくて心細かったり勉強がわからなかったりして困ったのと，外国籍の子どもたちの日本での気持ちは似ているかもしれない」と学習支援を始める人もいる。そして言葉の壁が大きいことや，外国籍の子どもには日本の教育が義務教育ではないことから，子どもたちへの公的支援が確立されていないことに気づく。

このようにボランティアとして活動をおこなうなかで，しだいに外国人の問題が人ごとではなく，自分たちにもかかわる身近な社会の問題であることに気づく。そして，自分と相手とを隔てていた境界線の存在に気づくのだ。さらには，同じ人間として外国人とボランティアとの関係が対等であることが認識され，活動をとおした多様なネットワークの形成もはかられるようになっていく。

こうした境界線への気づきはボランティアだけではなく，労働者としての外国人にも訪れる。労働者として割り切りつつ日々の生活を送るうちにも，出産や子どもの進学などが契機となりしだいに日本の生活への定着が進んでいく。そのようななかで境界線の存在に気づく。その解決にボランティアがかかわることで相手に対する信頼が芽生え，自らのうちにある生活者としての意識も強まっていく。生活者としての意識は，日本での生活について長期的な視点をもたらし，ある者は住宅を購入し，またある者は老後の生活について思いをめぐらすようになる。こうした不安や思いを理解し支援するのがボランティアである。福祉ボランティアは，ときには制度的な不備の改善へと働きかけることも必要とされる。

4 インクルージョン

●違いを認めあえる，自由で平等な「つながり」を広げよう

相互変容をとおした境界線の乗り越え

これまで見てきた事例にもあるように，ガイジンの切り離しは，ある出来事をきっかけに変化を見せることがある。Aさんたちは日系ブラジル人のホームレスの子どもとの出会いをきっかけに，「小学生ぐらいの年齢なのに，どうして学校へいっていないのか」という気づきが生まれ，ボランティア活動を開始した。ガイジンとして認識し相手に対して無関心である状態から，個々の顔の見える関係へと変化したのである。

気づきをきっかけとした出会いは，相手と自分との間に「つながり」をつける。そして，相手と自分との間に生じる相互行為は，ボランティア活動をさらに多様な領域へと広げ，組織化にもつながる。

このような相互行為を繰り返すうちに，相手と自分との間に理解が生まれ，相互に変容していくことが可能になる。

ボランティア活動をとおして自分自身のなかにある差別のまなざしや嫌悪感に気づいたとき，人は動揺する。けれどもその動揺をそのままにして眠らせるのではなく，相手とつながっていくための行動を起こすことは可能である。ボランティア活動は自分と他者との相互行為をとおして信頼関係を構築したり，相手と自分とを隔てる境界線への気づきを双方にもたらしたりする。そして切り離しをやめて互いが相手とつながり，向きあおうとする意識の変化によって，境界線を相互に越えることが可能となる。ボラ

ンティア活動をおこなうなかでも，他者と自分とを隔てようとする境界線はつねに引き直されがちである。けれども出会いを大切にすることができたら，そしてつながりによる相互行為を継続し，自己を変容させることができたら，1人ひとりの多様性を尊重することも可能となり，境界線を乗り越えて新たな関係を構築していくことができる。その関係は相手の生活だけではなく，自分も，そして社会そのものも豊かにしてくれるだろう。

その際に1つ，注意しなくてはならないことがある。ガイジンに対する切り離しの状態からは抜け出しても，つながりのなかでの問題解決の方法が「してあげるーしてもらう」という関係，たとえば医師ー患者というようなパターナリズム（父親的温情主義）の関係に陥ってしまい，当事者の考えを無視し，ボランティアが自分たちの考えを押しつける危険性である。また，かかわっている相手を守りたいという気持ちが強くなると，ボランティアによる外国人の「囲い込み」が生じ，当事者が必要としている他の団体とのつながりを妨げる危険性もある。「私の団体でＢさんを教えてあげているのだから，ほかの所には行かないで」といったように，ボランティアをする側の都合により新たな「つながり」をつけることを妨げてしまうのである。

問題解決の方法が「してあげるーしてもらう」では，結局は善意の押しつけになってしまう。そうではなく，あくまでも対等な関係であることがボランティア活動においては重要である。そうすれば，当事者が主体的に自らの問題を解決することもできるだろう。

インクルーシブ（包摂的）な社会をめざして

このように，パターナリズムの関係ではなく，人と人とのつながりのなかにおいて1人ひとりすべての人が主体的に参加することのできる関係にある社会を，**インクルーシブ（包摂的）な社会**ということができるのではないだろうか。

Aさんは，活動をしていくなかで自分の暮らしている地域への愛情というものが生じてきたという。そのことがさらに，同じ地域で暮らす日系ブラジル人のことを人ごととしてとらえないまなざしをつくっていったともいえる。これがつながりの中身でありインクルージョン（包摂）の出発点でもある。

コミュニティは，①地域での支援，②地域を超えた支援という関係形成の場となる。福祉ボランティアはそのようなコミュニティにおいて当事者性を尊重しつついろいろな主体とつながりをつけ，インクルージョンを実現する可能性をもつ。インクルージョンとは多様性，連帯，参加，差異の承認，多様なニーズへの対応，市民権などを含んだ考え方である。

当事者も含めたすべての人が1人ひとり参加できるようなインクルーシブな社会をつくるためには，どのようなことが必要だろうか。まず，マジョリティとマイノリティというわけ方をしないことがあげられる。1人ひとりのニーズは何か，という視点に立つことも必要だろう。そして次に，参加やネットワーキングといった対等なつながりを構築していくことがあげられる。お互いの多様性を認めあうような支援の関係と信頼関係を構築していくことも必要だ。さらには誰もが参加できるコミュニティの形成をとおして，マイノリティの居場所を確保することも大切だろう。

つながりをただ広げるだけではなく，そのつながりを継続的なものとしていくためにコミュニティは重要な役割を担いうる。そして，人と人とのつながりを基盤にそのようなコミュニティを構築していくのが福祉ボランティア活動の役割でもある。

引用・参考文献

朝倉美江［2002］,『生活福祉と生活協同組合福祉――福祉 NPO の可能性』同時代社。

古川孝順［2005］,『社会福祉原論』（第 2 版）誠信書房。

門美由紀［2005］,「インクルージョンの視点からみた外国籍住民への生活支援」『ソーシャルワーク研究』30（4）。

金子郁容［1992］,『ボランティア――もうひとつの情報社会』岩波新書。

川崎市識字学級研究開発委員会［2002］,『識字または日本語に関する活動の調査　データ集』。

Column 6 学生だからできるチャレンジ

浜松市に CSN（College Student Network for Community Service）という大学生による団体がある。地域の抱える問題を解決することを目的に，複数の大学の学生たちが集まり，外国人の子どもを対象としたプログラムを中心に活動を展開している。たとえば，外国人児童・生徒の生活適応支援では週１回の学習サポートや悩み・相談へのアドバイス，学校からの配布物の説明などをおこなう。フレンズ・オブ・ザ・スクール・プログラムでは，学校現場に大学生が入って授業の補助や学校行事の手伝いをしている。アンドリーニャ FC というフットボールクラブも結成し，練習方法や運営について地域のスポーツ少年団から助言ももらっている。

さらには活動が新たな活動を生むという連鎖により，ホームレスへの食事提供を月に１回おこなったり，浜松市内で共生社会をめざしてまちづくり活動をしている市民活動団体などを体験取材し，ラジオで紹介したりもしている。現在は豊橋市，名古屋市にもその活動が広がっている。このような，活動領域や活動地域を限定しない柔軟な取り組みは，学生だからこそ可能になるともいえよう。

大学生を中心とした活動でよく言われるのは，卒業してしまうとそれで活動が終わってしまうから中途半端にはかかわらないでほしい，というものだ。けれども，子どもたちと年齢の近い大学生だからこそ，大人には話せないことも言えるかもしれないし，思い切り体を動かすことができたりもするだろう。幅広い年代の人，異なる経験をもつ人が地域のさまざまな団体で活動をすることで，新しいネットワークやアイデアが生まれてくることもある。もちろん，このような学生組織を影で支えている先生などの存在があるからこそ，安定した活動基盤をつくっていけるということもある。今後は個々の「経験知」を「組織知」に高めるために，メンバーの情報共有と地域間の交流をはかり，卒業後もかかわれるような組織づくりをめざしていくという。

第7章

福祉ボランティアの主役は女性？

福祉ボランティアとジェンダー

女性が社会を変える？

『スタンドアップ』という映画で，シングルマザーがたった1人で原告となっていた「セクハラ訴訟」の裁判の最中に，弁護士が同僚の女性や男性に立ち上がらないのかと語りかけた後，しばらくして，ようやく1人の女性が，そしてまた1人，さらに男性もそして多くの同僚たちが立ち上がった場面は感動的であった。たった1人が立ち上がり，鉱山での過酷な肉体労働と男性が支配していた職場での耐えがたい「セクハラ」に対して女性の権利，人間の尊厳を取り戻す闘いは，アメリカ初の「集団セクハラ訴訟」となった。

福祉ボランティア活動が多くの女性たちによって担われているということは，ジェンダー構造の社会のなかで，女性が置かれている立場からより社会問題が見えていること，そのことが問題解決へと行動を起こす必然性をもっているということではないか。多くの女性が活動している点に注目し，女性ボランティア活動の実態と展望を論じていきたい。

1 なぜ女性ボランティアは多いのか？

日本でもアメリカでもボランティアは女性？

ボランティアは，自発性，社会性・先駆性，非営利性（無償性）を原理としてもつ社会的な活動である。つまり当然のことながら男女を問わず，その活動の性格によって，ボランティアかどうかは規定されるものである。

しかし，「全国ボランティア活動者実態調査」によるとボランティアの72.7％が女性であった（図7-1参照）。なぜ女性が多いのだろうか？　最近は男性ボランティアも増えつつあるが，「日常的な活動は女性，リーダーは男性」という状況も見受けられる。また歴史的に見てもアメリカのボランティア活動のリーダーの1人であるハータ・ローザは「過去100年ないし150年においてアメリカにおけるボランタリズムは女性によって担われてきた。現代は深刻な激動期であるが，将来の社会に対する女性の開拓的な貢献が，なお求められていることには変わりがない」（ローザ［1979］，Ⅴ頁）と述べている。

わが国では，高度経済成長期に発展した住民・市民運動の1つとして女性の政治・社会活動への参加が活発化し，消費者運動，公害反対運動などとともに地域での多様なボランティア活動への参加機運も高まっていった。その背景には主婦の家事労働の軽減による自由時間の増加，核家族化や少子化，さらに高学歴化と社会教育活動の条件整備等によって，女性の社会参加の重要な柱としてボランティア活動が位置づけられていったということがある。

図 7-1　ボランティア活動をおこなっている人の性別

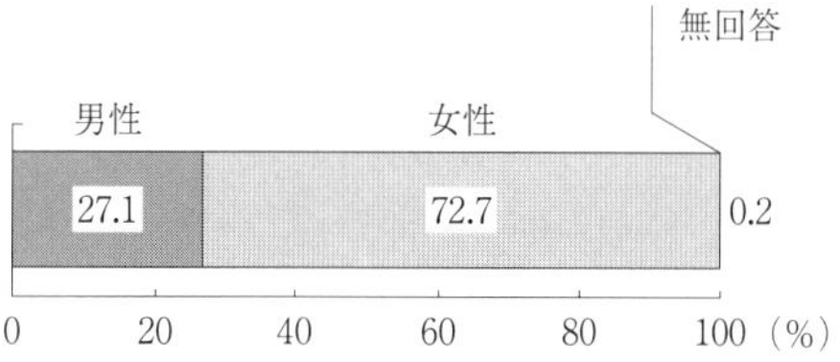

（出所）　全国社会福祉協議会『全国ボランティア活動者実態調査』(2003 年)。

ボランティア活動とは社会参加の一形態であり，社会参加は，私たちが社会的な動物であることから，女性にとっても男性にとっても重要な意味をもつ行動である。しかし，先の調査結果でもボランティア活動をしている人でもっとも多いのは「主婦」の38.1% で，50 代前後の主婦層がボランティア活動を始める場合が多くなっている。「女性のほうが社会的・自発的である」それとも「女性のほうが無償活動に適している」ということだろうか？　この点についてもう少し詳しく検討してみよう。

ジェンダーと女性ボランティア

ジェンダー（gender）とは，社会的性役割や身体把握など文化によってつくられた性差のことである。ジェンダーは，生物学的な性のあり方を意味するセックス（sex）に対して，文化的・社会的・心理的な性を指す言葉である。セックスは自然が生み出したものだが，ジェンダーは人間の社会や文化によって構成された性であると言われている。

近代的な性別役割分業は，産業労働の中軸を男性が担い，労働力の再生産労働（家事・保育・介護）を女性が担うというものである。そこでは男性も女性も産業労働を担っているが，男性は賃金労働であり，女性は無償労働（アンペイド・ワーク：unpaid work）となっている。

また，戦後の高度経済成長期の女性の就業条件は厳しく，結婚退職，若年定年制などによって就業の継続が困難な状況であったことから，25歳から34歳の女性の労働力率が低下したこと（M字型就労），さらに当時，男性労働者の賃金の上昇によって「男性稼ぎ主」型の家族が成立し，「専業主婦」になれる女性が多く誕生したということがある。

したがって，女性がボランティアを担う要因として，賃金労働（paid work）である就業機会からの排除が，**アンペイド・ワーク**を担わざるをえない状況を生み出したという見方もできよう。しかし，1985年に男女雇用機会均等法が制定され，「雇用の女性化」が進んできた。そのうえ賃金の低下によって女性のパート就労による「共稼ぎ」型の家族が増加し，女性は，生産の場にも駆り出され，家事・保育・介護も担わされつつあった。そのようななか，子育てや介護の問題が家族内では担いきれない状況に直面し，地域での問題解決への一歩を踏み出したともいえる。1970年代後半から80年代は介護問題が地域社会で顕在化し，各地で食事サービスや移送サービス等を担うボランティア活動団体が誕生した時期であり，女性のボランティア活動が活発化してきた時期とも重なる。さらに女性がおこなっているボランティア活動の中身を先の調査結果から見ると在宅福祉サービス，相談・訪問・交流活動が多い。2001年の「社会生活基本調査」でも女性ボランティアは，高齢者・障がい者・子どもを対象とした活動を担う傾向がある（図7-2参照）。女性によって地域の子育て・介護が担われているという実態を私たちはどのように考えたらいいのだ

図 7-2　男女,「ボランティア活動」の種類別行動者率

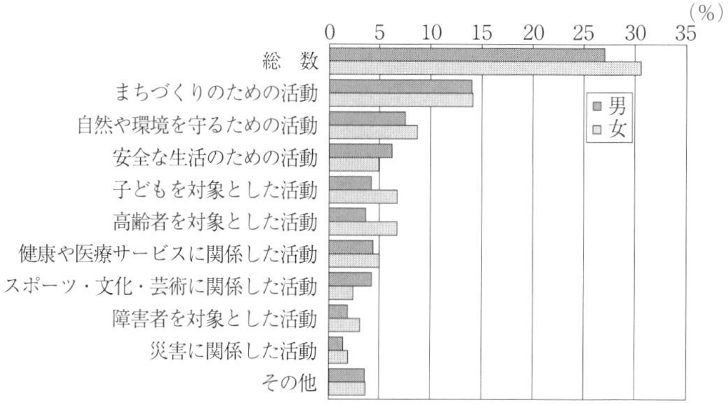

（出所）『平成 13 年版社会生活基本調査』。

ろうか？

2 ジェンダーとボランティア

ジェンダーと福祉国家

ジェンダーは社会福祉とはどのような関係にあるのだろうか。杉本貴代栄は，社会福祉にはジェンダーから派生する問題が存在すること，それらが女性たちの抱える問題と結びついていることが問われるようになったことを指摘している。さらに社会福祉の領域を見ると，対象者は女性が多くを占め，福祉労働に従事する人も，家庭内で介護や子育てを担う人も女性が多くを占めている（杉本［2004］)。そのうえ福祉ボランティアの実態からは，地域で介護や子育てを担っているのも女性が多いことがわかる。

私たちは資本主義社会と産業化が進むなかで生じる貧困の深刻化などの社会的な矛盾への対応の1つのあり方として，イギリスで誕生した「ゆりかごから墓場まで」という言葉に象徴される福祉国家をめざしてきた。福祉国家とは，完全雇用と社会保障，社会福祉などの政策の実現をめざす国家である。

しかし，この福祉国家についてフェミニストは，「福祉国家プログラムや福祉政策が性差別的な家族モデルを前提として組み立てられており，それを固定化し促進する機能を果たしている」（深澤［2003］，20頁）と指摘している。わが国も戦後高度経済成長期に専業主婦が誕生し，家庭を支え，その一方で一家の稼ぎ手とされた男性労働者は「24時間戦えます」というスタンスで経済成長を担うことができたのである。つまり女性が仕事を辞めて家庭に入ることができる所得保障がなされたうえで，女性が子育てと介護を一手に引き受けていたからこそ，福祉国家という構造は安定していたのである。

経済成長が停滞し，国家財政も厳しくなるなか，行財政改革の一環として福祉予算も削減されていった。そのうえ，男性1人の所得では家族の生活を安定させることができなくなり，さらに家族が縮小し，一人暮らしや高齢者夫婦世帯等が増大するなかで，ジェンダーを内在化した福祉国家のシステムでは，私たちの生活を安定的に維持することが困難になってきた。

エスピン＝アンデルセンも「福祉国家のデザインの再検討には，ある種の強力な平等主義的な取り組みが織り込まれていなければならない」（エスピン＝アンデルセン［2001］，94頁）と指摘している。そして21世紀の福祉国家を構想するもっとも重要なポイントの1つに女性の雇用を最大限増大させることを位置づけ，さらにライフサイクルの柔軟化として，働き方，生活の仕方の多様性を提示している。

日本型福祉社会論とボランティア

わが国は1973年を福祉元年と称し，ようやく欧米水準の福祉国家を現実のものとしていくという方針を政策として打ち出した。しかし同年秋第1次石油危機が起こり，74年からは福祉見直しが始まった。79年には「新経済社会7カ年計画」で，自助，家庭や地域の重視，効率，自由競争等をキーワードとした「日本型福祉社会論」が打ち出された。日本型とは，国家が財源や運営に責任をもって提供する福祉サービスによって生活問題を解決するというヨーロッパ型の福祉国家に対し，日本の伝統的な家族，地域共同体を「日本型」の生活問題解決主体として位置づけたものである。つまり家庭にいる女性を介護や保育の担い手とする社会が「日本型福祉社会」であった。

しかし，1970年代から高齢化が急速なスピードで進展し，介護問題が深刻化し，高齢者殺人・自殺等がマスコミ等でも大きく取り上げられるようになった。さらに北欧の福祉が紹介され，わが国の老人病院等で，地域社会（家庭）での介護支援が整備されていないことから「社会的入院」をしている多くの「寝たきり老人」が北欧では存在しないこと，さらに「寝たきり老人」とは適切なリハビリ医療・介護がおこなわれていないことによってつくられる「寝かせきり老人」であることが理解されるようになり，高齢者の在宅医療・保健・福祉の充実が課題となった。

そのような背景のなか，1988年に出された経済計画では，新たな「日本型福祉社会」が提唱された。そこでは，公民の組み合わせによる独自の「日本型福祉社会」というものが提示され，ようやく弱体化した家族機能を補うために，在宅福祉サービスの制度化が課題となってきた。先の杉本は「依然として自助・連帯を重視し，公的部門をできるだけインフォーマル部門へ移行させる方針が明らかである」と述べている。そして女性はそのインフォーマル部門の中核として積極的に位置づけられ，1991年にはホームヘルパー養成研修が開始され，主婦が「新・日本型福祉社会」を支えるヒューマンパワーとして期待されていた（杉本［2004］）ことを指摘している。

さらに1990年代は「参加型福祉社会」論が提唱されている。93年4月には「国民の社会福祉に関する活動への参加の促進を図るための措置に関する基本的な指針」が厚生省（現厚生労働省）から告示され，同年7月には中央社会福祉審議会地域福祉専門分科会から「ボランティア活動の中長期的な振興方策について」という意見具申が出されている。これらの方針は，具体的なボランティアの目標値に端的に現れているように活動人数，つまり福祉サービスの量的拡大を担う供給者としての役割が期待され，福祉サービス供給者養成の基盤整備が目的となっている。したがって，急速な高齢化によって必要となる福祉サービスの不足を補うために住民参加を奨励し，ボランティアを「安上がり」福祉サービスの担い手として位置づけるという側面が強いものである。ただし，ボランティアは自発性に基づく行為であることを前提としたうえで，地域社会への参加や自己実現，お互いに学び，経験し，助けあいたいという共生の意識や互酬性に基づくという今日的なボランティアの意義を確認していることは評価できる。

3 ボランティアとアンペイド・ワーク

アンペイド・ワークとボランティア活動

市場経済においては，有償労働が社会的に価値ある活動として認識されやすく，女性が主にアンペイド・ワークを担うという状況は，女性にとっては不利に作用する。さらに産業化，少子高齢化の進展によって，家族・地域社会は脆弱化しつつあり，子育てや介護を家族が担うことは困難となり，政府や市場の役割が求められるようになってきた。つまり女性のアンペイド・ワークでは担いきれない生活問題が顕在化してきたのである。また発展途上国の水汲み・蒔集めなどの無償労働が経済グローバル化のなかで，途上国の労働力の再生産コストを支えていることも指摘されるようになった。1980 年の ILO の試算によると，生産労働のみならず，家事・育児を含む世界中の労働という労働を考慮に入れたとき，世界の労働の 3 分の 2 は女性によって担われていた。にもかかわらず，女性が受け取っていた賃金は，世界の総賃金の 5% でしかない（伊藤ほか［2002]，133 頁）という。

したがって，私たちの生活は，有償労働と無償労働によって支えられており，その一方だけが社会的に価値のあるものとして評価されるという状況が問題なのである。また，従来無償労働によって支えられてきた活動がもはや担えなくなってきているという状況から，アンペイド・ワークを誰がどのように担うのかが問われ，家事・子育て・介護労働等の社会サービス化が進みつつある。さらにアンペイド・ワークを社会的に正当に評価することの重要性が認識されつつある。

ボランティア活動は，地域社会におけるアンペイド・ワークと位置づけられる。先述のとおり子育てや介護等が家庭内の女性のアンペイド・ワークでは担えない状況に当面し，家庭から地域社会でのアンペイド・ワークへと「発展」してきたととらえることもできる。さらに子育ても介護も複雑で多様性をもち，その対応には専門性が求められるようになってきたという背景もあり，社会的に必要となった機能をどこが，どのように担うのかが明確でないなかで，ボランティアが担うという状況が生まれてきた。そのようななかから，新しく誕生した活動を社会的に位置づけたものとして「**有償ボランティア**」が登場してきた。ここには，ボランティアの原則である架橋性・運動性ともいわれる社会性という側面を見ることもできる。

「有償ボランティア」って何？

「有償ボランティア」という言葉が登場したのは，1970年代後半である。ボランティアの原則のなかで一般的に共通認識されていたのは，自発性・社会性・無償性であるが，「有償ボランティア」はその原則に直接かかわることであり，重要な論点となった。登場した背景には福祉サービスの不十分さがあった。わが国の高齢化率が7％を超えた70年当時，高齢者問題が地域のなかで顕在化しつつあったが，施設サービス中心で，地域で「寝たきり」高齢者を支えることは困難であった。その問題を自分たちでなんとか解決したいと願う多くの女性たちのボランタリーな活動として，配食等家事援助活動が各地で活発に展開されはじめた。当初は「無償の」ボランティア活動として展開されていたが，自発的に善意を生かして，自分のできるときに柔軟に活動していくというスタンスでは，責任をもった活動を展開することは困難であった。

「無償の」ボランティアと「有償ボランティア」の違いは，活動の質と量にかかわるものである。たとえば配食サービスは高齢者の命と生活を支えるものであり，栄養のバランスがとれていること，さらに相手の好みや生活歴等が配慮されていることなどが重要であり，専門性が問われる。そうなると当初は，自発的に「やむにやまれぬ」思いをもちながら自宅の食事の延長で届けていたが，相手にとって必要な食事を必要な人すべてに届けることが求められるようになってきた。つまり，サービスの質と量を保障するには「無償」では限界となってきた。

当時ボランティアが在宅福祉サービスを担うことには，「安上がり福祉」という批判もあったが，実践による制度化への働きかけという役割も大きく，在宅サービスの制度化や介護保険法の成立にもつながっていった。さらに従来ボランティア活動の「対象者」として位置づけられていた当事者が主役であるということが重視されるようになり，当事者側からも費用負担によって対等な関係が保持できるという側面は評価された。

したがって，「有償ボランティア」になることによって，利用者のニーズを尊重し，組織を安定させ，責任をもったサービスを必要量，継続的に，専門性をもって提供することを担保できるようになった。

以上のような背景のもと「有償ボランティア」という活動形態が定着しつつある。そのようななか，流山市で有償サービス事業をおこなっていた団体が，その事業を収益事業として課税されたことに対する不服を申し立てた裁判への判決として，2004 年に

表 7-1　有償ボランティアと無償ボランティアの比較

	自発性	継続性	組織性	専門性	柔軟性	利用者との関係	サービス量
無償ボランティア	強い	やや弱い	やや弱い	低い	高い	慈善的な側面あり	少ない
有償ボランティア	強い	強い	強い	やや高い	やや低い	対等指向	多い

千葉地方裁判所が課税対象として認定したという結果は，有償ボランティアの社会的な位置づけにかかわって，大きな波紋を呼んだ。ここでは非営利活動の社会的な定着や支援体制の不備が課題として残されていることがあらためて私たちに突きつけられたともいえる。

しかし，ここであらためてボランティア活動と有償性，つまり金銭による社会的契約との関係が問われたという点が重要である。有償性は，ボランティア活動原則そのものを根底からくつがえす危険性を伴うのである。契約は責任を伴うということであり，ボランティアの自発性・社会性が，契約という個別の金銭による関係とどのような相対性をもつかということを厳しく問われる。有償ボランティアの今後の展望は，契約を前提としながらもその自発性・社会性をどこまで担保できるのか，ということを真摯に追求するなかで開けてくるのではないか。

介護とジェンダー

「日本型福祉社会」「新・日本型福祉社会」を担っているのは家族，ボランティア，有償ボランティアの女性たちである。白波瀬佐和子は「家族規模が縮小し，女性の家族外就労が増えたからといって家族機能が衰退したという見解は，分析結果をみる限り支持されない」（白波瀬［2005］，183 頁）とわが国では，現在もなお世代間支援のメカニズムが機能していることを実証的に明らかにしている。ここでいう家族機能とは，介護の社会化を目標とした介護保険下にあってもその介護を担っているのは圧倒的に家族であり，その大部分は妻や娘，「嫁」という女性たちであるという実態からも明らかである。

春日キスヨは，介護や家事が女性を縛りつける状況を「家事とは他者（家族員）の身体性を支えるための食事をつくり，身辺を快適なものに整える，営々とした日々の営みである。身体性にまつわる労働であるというこの家事労働の特質がそれにたずさわる者に独特の心理的包絡をもたらし，そこから開放されてありうるはずのときでさえ女性をその役割に縛りつけ，自由にさせないのではないだろうか」（春日［2000］，72頁）と説明している。ここでは家族への介護は介護者にとって身体感覚として身につけさせられてしまうほどの呪縛力をもったものであることが明らかにされている。つまり介護の問題は，介護される側と介護する側の多くの女性が一体化してしまうほどに切実な問題であることを示している。

このような介護問題を女性の立場から解決しようと立ち上がった団体が「高齢社会をよくする女性の会」である。1982年に「女性による老人問題シンポジウム」を開催し，各地で介護等の勉強会やボランティア活動，介護サービス提供団体等の組織が誕生していった。介護問題を女性の自立と地域づくりという視点から解決する方法を提言し，介護保険の成立や改正にも積極的に発言していった。

女性たち自身にとって切実な問題である介護の問題に多くの女性が発言し，男性も巻き込みながら，介護や孤独の問題がすべての人たちの安心できる地域づくりとして解決されることが当面の重要なテーマである。

4 男女共同参画社会とボランティア

男女共同参画社会とは何か

男女共同参画社会とは，1999年6月に制定された「男女共同参画社会基本法」では，「男女が，社会の対等な構成員として，自らの意思によって社会のあらゆる分野における活動に参画する機会が確保され，もって男女が均等に政治的，経済的，社会的及び文化的利益を享受することができ，かつ，共に責任を担うべき社会」（第2条）と定義されている。大沢真理は「男女共同参画社会とは，個人が『性別（ジェンダー）』に縛られず，個性と能力を存分に発揮して輝く社会である」（大沢［2002］，9頁）と述べている。

個人が個性と能力を発揮できる社会をめざすことが制度化されたということは，今までは，個人よりは性別が活動を規定する社会であったこと，さらにそれは今なお継続している現実であることを示している。また，従来のジェンダー論もセックスに根ざす（とされる）男女の特性を是認しており，そのうえで不合理な男女差別を解消する（大沢［2002］，45-46頁）というものであり，その限界が指摘されている。

したがって，ジェンダーによって「女らしさ」とか「男らしさ」という特性や役割を固定するということが問題であることは当然であるが，それとともに性が多様性をもっているということ，つまりセックスも単純な男女の2分類ではないことからも，個人の特性が重視されることが必然性をもつということがより明らかになった。

第4回世界女性会議（1995年，中国・北京）では，女性の地位向上の前進もあるが，女性に対する暴力の拡大や雇用の不平等をはじめ，多くの課題も残されていることが議論された。そしてそれらの改善のために女性差別撤廃条約の履行と北京行動綱領の実施が，「男女平等と女性のエンパワーメントの達成を相互に強化するものであること」として合意された。それを踏まえてわが国では1999年に男女共同参画社会基本法が成立している。

男女共同参画社会をボランティアがつくる

1972年にローマクラブが「成長の限界」というレポートで環境悪化への警鐘を鳴らし，2005年には地球温暖化防止に向けて「京都議定書」が発効された。環境問題はいまや相当深刻な状況を呈している。伊藤公雄は，「男性主導の産業社会が，地球規模で行きづまりをみせている現在だからこそ，街作りから地球レベルでの開発・発展に至るまで，まず女性の声がはっきり『介入』しうるしくみを作り出す必要がある」ことを指摘している。さらに，この200年ほどの産業社会において，女性たちは男性以上に，人間の生活の具体的な場にかかわってきたという事実もある（伊藤ほか［2002］，271頁）。

また急速に進展する少子高齢社会では，労働力不足も深刻な課題となっている。出生率の低下を乗り越えたといわれる北欧の女性たちの職場進出とそのための子育て支援の成果は，少子化を乗り切るためにも男女が仕事も子育てもできることを支援する社会システムを構築することが重要であることを示している。

グローバリゼーションが進み，少子高齢化が深刻化する現在の私たちの社会は，リスク社会と定義されている。山田昌弘は「リスク化」とは，今まで安全，安心と思われていた日常生活が，リスクを伴ったものになる傾向を意味する，と述べている。このリスク化は，日本だけではなく，多くの先進資本主義諸国に共通して起こっている現象である。そしてこのリスク化は，生活状況を不安定化させるにとどまらず，人びとの社会意識までも不安定なものにする（山田［2004］）という。

またA. ギデンズは，世界中のあらゆる変化のなかで，家族など私生活にかかわる変化ほど重要なものはないと指摘している。そして伝統的な関係を「良い関係」に築くためには，すべての構成員が平等であり，権利と義務の平等のゆえにお互いに敬愛しあう（ギデンズ［2001］）ようにすることだという。

リスク社会を安全・安心な社会にしていくためには，「良い関係」という対等な関係，お互いに同等の権利と義務をもつ関係をつくることが求められる。このような関係をボランティアは形成できるのだろうか。ボランティア活動は，自発性が核となり，互酬性というお互い様の関係，さらに相手の立場に立つという関係へと発展していくものである。福祉ボランティアは，子どもや高齢者，障がいをもつ人びと，外国籍の人びと等排除され，困難な課題を抱える人たちとつながり，ともに解決しようと立ち上がった人たちである。なかでも女性ボランティアはシャドーワークを担い，弱い立場から地域社会の課題をみつめ続け，解決への地道な活動を継続してきた。

女性も男性も子どもも高齢者も障がいをもつ人びともつながりながら，ともに安心した生活ができる社会が，男女共同参画社会のめざす「個人が個性と能力を発揮できる社会」である。そのような1人ひとりが尊重され，生き生きと生活できる社会づくりを福祉ボランティアは担いつつある。

引用・参考文献

ビンガム，C. &ガンスラー，L. L. ／渡会圭子訳［2006］，『集団訴訟——セクハラと闘った女たち』竹書房。

エスピン＝アンデルセン，G. ／渡辺雅男・渡辺景子訳［2001］，『福祉国家の可能性——改革の戦略と理論的基礎』桜井書店。

深澤和子［2003］，『福祉国家とジェンダー・ポリティックス』東信堂。

ギデンズ，A. ／佐光隆光訳［2001］，『暴走する世界——グローバリゼーションは何をどう変えるのか』ダイヤモンド社。

ゴードン，ベアテ・シロタ［1995］，『1945年のクリスマス——日本国憲法に「男女平等」を書いた女性の自伝』柏書房。

井上輝子ほか編［2002］，『岩波女性学事典』岩波書店。

伊藤公雄ほか［2002］，『女性学・男性学——ジェンダー論入門』有斐閣。

春日キスヨ［2000］，『家族の条件——豊かさの中の孤独』岩波書店。

ローザ，H. ／大阪ボランティア協会訳［1979］，『女性の職業とボランティア活動』相川書房。

大沢真理［2002］，『男女共同参画社会をつくる』NHK ブックス。

白波瀬佐和子［2005］，『少子高齢社会のみえない格差——ジェンダー・世代・階層のゆくえ』東京大学出版会。

杉本貴代栄［2004］，「フェミニスト社会福祉学をめざして——ジェンダー視点を据えた社会科学として」『フェミニスト福祉政策原論——社会福祉の新しい研究視角を求めて』ミネルヴァ書房。

橘木俊詔編［2005］，『現代女性の労働・結婚・子育て——少子化時代の女性活用政策』ミネルヴァ書房。

山田昌弘［2004］，『希望格差社会——「負け組」の絶望感が日本を引き裂く』筑摩書房。

Column ⑦　袖振り合うも他生の縁

「袖振り合うも他生の縁」という言葉がある。私たちは日頃いろいろな人と通勤電車や学校や職場などで袖振り合うことがある。それが他生の「縁」となるのはどんな場合だろうか？　結婚につながるような「縁」を結ぶ人との出会いがある一方，「縁なき衆生」とは「よそ者」でまったく何の関係もない，近寄ってほしくない人のことである。

私たち日本の女性にとって，「縁」があって良かったと思うのは，ベアテ・シロタ・ゴードンである。憲法24条「婚姻は，両性の合意のみに基づいて成立し，夫婦が同等の権利を有することを基本として，相互の協力により，維持されなければならない」という条文は，戦後のGHQ（連合国軍総司令部）のメンバーだったベアテからの私たちへの贈り物であった。ベアテは，戦前の日本に10年以上住んでおり，当時の日本女性は「男性の後をうつむき加減に歩く女性，子どもが生まれないというだけで離婚される女性，法律的には財産権もない女性」（ゴードン［1995］）であったという。

「縁」というのは，お互いの存在を認めあってこそ他生の縁につながっていく。ベアテは戦前の日本での生活のなかで，日本女性が差別されていた状況に共感し，国際的な視野で女性の人権と平和とがつながっていること，女性の地位は家庭での平等を保障しないと成立しえないことを十分理解していたからこそ24条制定に全力を尽くしたのである。ボランティアは社会において権利を生み出す最前線の人びとであると言われている。ベアテは当時を振り返って，22歳の女性という弱い立場で「すごくこの権利のために戦いました。涙も出ました」と言っている。

ベアテが暮らしていた当時の日本の家には縁側があった。縁側は‘よそ’と‘うち’との接点となっている。家のなかに他者をオープンに迎え入れていた縁側は消えつつあるが，私たちの心にはその縁側を残しておきたい。

第8章 ボランティア組織をつくろう！

組織化とマネジメント

トインビー・ホール

“Real change happens one-to-one” 真実の変革は1人ひとりのつながりから始まるというS.バーネットの言葉がある。1873年イギリス国教会の司祭であったバーネットは，産業革命によって富が蓄積されつつある一方，他方に広がりつつあった貧困が集中する地域に赴任し，若い学徒であったA.トインビーと貧困者たちへのボランティア活動を始めた。その出会いは，過労によって若くして命を落としたトインビーにちなんで名づけられたトインビー・ホールにつながっている。ボランティアの出会いが，ボランティア組織を生み出し，その組織活動は地域に根ざし世紀をまたいで今に続いている。

1 福祉ボランティアとボランティア組織

いつやめてもいいボランティア？

ボランティアの核となる原理は自発性である。自発性というのは，自分の意思によって行動を起こすということであり，そこには自分の意思によって行動をしないという選択も含まれている。つまりボランティアは，やるも自由，やらぬも自由，さらにやっていたがやめるということが保障されていてこそボランティアであるといえる。ただし，ここで留意してほしいのは自由には責任が伴うということであり，意思を行為にする場合，その結果に責任をもったうえで自由が保障されるということである。

ボランティアを組織化するということは，自由な意思を組織化するということになる。その際個々のボランティアの自由意志が組織化されることによって，一定程度制約されるという側面を伴う。個人が集合して組織となった場合，個人の意思ではなく，組織の意思が生まれてくる。ここにボランティアと組織化の永遠の葛藤が生まれる素地があり，ボランティアの組織化とは，その葛藤とどこまで向きあい続けられるかという課題を抱えるものである。

全国ボランティアセンターの調査によると，わが国のボランティアは約780万人（2004年現在）であるという。しかしその数字はボランティアをどこまでボランティアととらえるかによって大きく異なってくる。電車のなかで高齢者，障がいをもつ人，妊産婦等に席を譲るという姿は，「今時の若者は」という声が絶えないなかにおいても，ほほえましい姿としてしばしば誰もが見かけるものである。この席を譲るということも自発的におこなわれる行為であり，当然ボランティアと位置づけられる。しかし，この行為を先の調査はボランティアとはカウントしていない。なぜだろうか。

福祉ボランティアと当事者

私たちは，常時ボランティアであることを意識しながらボランティア活動をおこなっているわけではない。多くの人は困った人を目の前にしたとき，なんとかその人の役に立ちたいという思いをもち，その思いを行為に移した瞬間にボランティアが誕生するのである。ボランティア元年といわれた1995年には，阪神・淡路大震災の状況をリアルタイムで写すテレビ画面を見て，自分も何か援助したいと行動に移した多くの若者を含めたボランティアが150万人も誕生した。

ボランティアとは誰かと確定することは非常に困難である。統計調査で把握されている以上に私たちの社会にはボランティアが存在しているといえよう。しかし，ボランティアの始点は個人の自由意志であるが，なかでも福祉ボランティアの場合はその活動は自己完結するものではなく，直接的であれ間接的であれ，必ず相手が存在している。つまりボランティアはやる側の自由意志だけによって規定されるのではなく，いわゆる「される側」や社会によってそれがボランティアであるかどうかが規定されるという側面をもつ。たとえば自分では善意に基づいて車椅子を押そうとしても，相手にとっては，突然後ろから押してもらってもかえって危険であり，「大きなお世話」であるという場合もある。その場合は「される側」の意思，何より「当事者」の視点が重要となる。ボランティア活動は，始点が重要であるが，そこでとどまるものではなく，そのプロセス，そしてその結果までを含む行為である。

したがって，自分勝手にやりたいということでおこなった行為もボランティアであるのか，と言えば相手がその行為を迷惑であると感じているという結果であれば，本人の思い込み以外の何者でもない。しかし，思い込みは別としても，数えることができない，今のこの瞬間もおこなわれ，その瞬間を過ぎると消えてしまうようなボランティア活動は，社会のなかで，人が人を信頼し，お互いに支えあって生活しているということを想起させる重要な意味をもつ活動であることは言うまでもない。社会連帯や福祉コミュニティという理念を目に見えるものとして再認識しあうボランティア活動は地域の文化として重要な意味をもつ。

ボランティアの組織化

ボランティアは1人の意思から始まる。その意思は，目の前の困っている人，または障がいをもっていることで外出が困難だったり，差別によって就職できないという状況に置かれた人たちに対してなんとか援助できないか，もしくはそのような社会をもっとより良い社会にしたい，という願いや夢の実現をめざしている。1人の力でそのような願いや夢を叶えるのは不可能であろう。当面の援助はできても継続的，さらに社会のしくみを変えていくようなパワーにはなりえない。そんな場合，みんなの意思・夢・願いを組織化することが重要なテーマとなる。「みんなで見る夢は叶う」のである！

ボランティアの組織化は，まずみんなの夢を**ミッション**（使命）として明確化し，そのミッションを具体化していく活動を展

表 8-1　ボランティアの組織化要因

①活動・事業の継続性・安定性の確保➲事務局・事務所（拠点）の確保
②サービス量とサービス種類の拡大➲会員の拡大
③サービスの質の向上➲専門性の必要性
④責任の強化➲社会的な信頼，公的サービス提供による行政等との関係の強化

開するためにおこなうものである。組織化とは，単なる個人の集合にとどまらず，ミッションに基づいた固有の特性をもつ集合体を形成することである。そして組織は個人の協働の体系であるとともに支配の体系ももつ。

ボランティアは表 8-1 の組織化要因を背景とし，組織化することによって，メンバーが協力し，役割分担をしながら継続的に安定した活動をおこない，より大きな役割を果たすことが可能となる。さらに活動が広がり，活動量が増加してくると必然的に事務局機能の充実が求められ，活動の専門性も問われるようになってくる。つまり事務局や専門家のもつ権限が大きくなっていく。事務局が権限を支配するしくみが官僚制であるが，官僚制は組織の硬直化を招いてきたと言われている。したがってボランティアの組織化には，官僚制ではないボランティア，当事者の協働の側面を強化した新しい方法が求められている。

2 ボランティアとマネジメント

ボランティアとネットワーク

ボランティアの新しい組織化は，官僚制とは対極にある**ネットワーク**という組織形態をめざしている。官僚制組織は，個人が組織に依存する組織であるが，ネットワーク型組織は，組織が個人に依存するものであり，自立した個人がその夢や使命（ミッション）を達成することをめざして他者と自在に結びあい，網の目をつくっていくことによって形成されるものである。

ネットワークとは，その構造の性質として，①全体と部分の統合，②あらゆるレベルの重要性，③分権化，④複眼的，⑤多頭性をもち，その形成プロセスの性質には，⑥種々の関係，⑦ぼやけた境界，⑧結節点とリンク，⑨個人と集団，⑩価値観（リップナック&スタンプス［1984］，36-38頁）がある。このような特質をもつネットワーク型の組織は，従来の固定した組織のイメージではなく，変幻自在にさまざまなボランティア等がつながり，多様な活動を展開していく。

また，市民社会は，自発的に誕生する多様な組織によって成熟しつつある。そこで形成される組織は，非政治的であり，さらに非営利であることによって，自律し，独立した役割を果たすことができる。つまり国家権力に従属したり，資本主義的市場に影響されたりしないことによって，新しい市民が主体となった社会を形成するための核となる組織となる可能性をもつ。したがって，このようなボランティア組織には，官僚制とも利益を目的とした企業のマネジメントとも異なった新しいマネジメントの方法が必要となる。

マネジメントのポイント①ミッションとディスカッション

阪神・淡路大震災で誕生した150万人のうち今なお活動を続けている人・組織はどのくらいだろうか。ネットワーク型の組織は現状においては持続性という点から見ると脆弱な側面ももっている。成熟した市民社会をつくるためには，ボランティアが誕生する基盤とそれを持続させるシステムが必要となる。

持続できるネットワーク型ボランティア組織のマネジメントのポイントを明らかにしていきたい。まず一般的にマネジメントに必要なものは「人，モノ，金，情報」と言われている。ネットワーク型組織にもそれらの要素は不可欠なものであるが，それらと同様に重要なものは何より「ミッション・ディスカッション」である。

なぜならネットワーク型組織は，組織が前提にあるのではなく，個々の自立した個人が存在し，その個人の夢や思いが何よりも大切で，組織は手段にすぎないからである。したがってボランティア組織は，そのミッションが実現すれば消滅するのが必然となる組織である。以下では，ネットワーク型ボランティア組織のマネジメントのポイント①を紹介したい。

ミッション（使命）の明確化：　何のためにボランティア活動をおこなうのかという使命・目的を明確化する。このミッションが活動を継続するうえでの指針となる。組織の活動は，このミッションを具体化するための方法であり，また何か課題に当面した際，このミッションに立ち返って解決していくことが重要である。

ディスカッションと民主的な決定：　個々のボランティアの意

表8-2 ボランティアマネジメントのポイント

☞ミッションの明確化	☞会則（活動内容と組織運営の確認）
☞メンバーの意思確認	☞活動拠点（事務所）の確認・確保
☞メンバーの役割分担（リーダー確認）	☞活動資金（予算の確認）
☞活動内容の明確化	☞情報（広報誌・ホームページ等）

思から出発した組織であることを前提にお互いが対等な関係でお互いの意見を尊重しあうことが重要である。またディスカッションを尽くしたうえで，決定を民主的におこなって，納得のできる結論を導いていくことが求められる。ボランティア組織では，「言いだしっぺ」が責任をとるということが多くあるが，「言いだしっぺ」に責任を押しつけるのではなく，協働し，責任を負担しあえるような関係をつくる努力が欠かせない。

マネジメントのポイント②人，モノ・金，情報

人：　ボランティア組織は，まずボランティアありきの組織であり，何よりメンバーが重要である。メンバーは当初は同じ志をもつ強いつながりによって集まる場合が多いが，新メンバーには，何よりもミッションを理解してもらうことが重要である。

またメンバーには，活動，サービス提供を直接的に担う人たち，会の運営・管理などを担う事務局の人たち，さらには会の活動に参加したり，サービスを利用する人たち，そして会のミッションに共感してメンバーになったより広範な人たちという多様な性格の人びとが参加している。お互いの立場や役割を尊重しあえるような関係の構築が求められる。すべての人が何らかの役割（会費の納入，機関紙の購読等含む）をもち，情報の共有や多様な話し

あいの場を設定するなど参加意識が持続するようなしくみの工夫が求められる。

モノ（拠点）・金： ボランティア活動の拠点となる事務所の整備は，活動の安定と継続の基盤となる。そして事務局・事務所が整備されると人件費，事務経費，事務所の家賃・管理費等が必要経費となる。さらに事務所を拠点としながら活動・事業が展開され，その経費も増大していく。そこでそれらを賄う資金調達が重要な課題となってくる。

ボランティア組織の資金は，多様性をもつ点に特徴がある。主な資金源は，①会費・寄付金，②事業収入，③助成金・補助金である。この3種類の資金のバランスが取れていることが重要である。①の資金がもっとも組織にとっては自由度が高いので，この金額が一定程度確保できることが重要なポイントであり，そのためには会員や市民への事業・会計（予算・決算・資産）報告等の透明化が求められる。また資金調達のために収入が見込める事業を開始するという選択が必要となる場面も出てくるが，その際にもミッションに十分留意して，明確な戦略を描いたうえでおこなう必要がある。

情報： 情報化社会と言われる現在，情報は私たちの生活を大きく変えつつある。情報が社会のすみずみに張りめぐらされ，個々人が新しいメディアを用いて自由なコミュニケーションができるようになってきた。ボランティア組織も自分たちの活動を発信し，また自分たちも多様な情報を得ることによって新たな活動展開の可能性も出てくる。

3 ボランティア組織の法人化とボランティア養成

NPO法人格をとるか？

ボランティア組織と近い概念としてNPO（民間非営利組織）がある。ボランティアの組織化については第2章でも触れられているが，ボランティア組織はNPOに含まれる。しかし組織として確立しているとは言いがたい側面をもつ。自分たちは社会的な活動をしていると自負していても，活動をとおして評価されるまでには一定の期間が必要であり，その間に消滅してしまう可能性もある。ボランティア組織を安定的・継続的にマネジメントしていくためには，組織の法人化が課題となってくる。任意団体であるボランティア組織は，社会的な認知も得られにくく，寄付金の免税もなく，社会的な信頼や財政基盤が脆弱な状況に置かれている。

1998年特定非営利活動促進法（通称NPO法）が成立し，この法律によってボランティア組織はNPO法人格を取得できるようになった。NPO法は，民法34条の特別法であり，法人格取得の要件や法人の管理などを規定している。NPO法では「不特定かつ多数のものの利益の増進に寄与することを目的」とする17分野（保健・医療・福祉，社会教育，まちづくりなど）に該当する組織であり，規定要件（営利を目的としない，宗教活動・政治活動を主たる目的としない，暴力団でない，10人以上の社員がいる等）をすべて満たしていれば，所轄庁（都道府県知事もしくは内閣総理大臣）の「認証」によって法人格が取得できる。

表 8-3　NPO 法人格を取得するメリット・デメリット

メリット	デメリット
1　契約主体になれる	1　所轄庁への届出等に手間がかかる
2　財産所有の主体になれる	2　定款（ルール）に沿った運営をする必要がある
3　団体の資産と個人の資産の明確化	3　行政の監査を受ける
4　信用が得やすい	4　課税対象となる
5　事務所を確保しやすい	5　解散時の残余財産は個人に戻らない
6　職員の雇用がしやすい	
7　助成金・補助金等が得やすい	
8　介護保険事業等に参入できる	

ボランティア養成とリーダーの役割

ボランティアには誰もがなれるか，といえば誰でもなれる可能性はあるが，実際に誰でもなれるというわけではない。なぜならボランティアは，本人の意思から出発するものであり，誰もが主体的にボランティア活動をしたいと思うことはありえない。そうなるとボランティアは養成するものではなく，人びとの自発性をひたすら待つということになるのであろうか。国民生活白書(2000 年度) によるとボランティアを経験したことがある人よりもやりたいという気持ちをもっている人が多いことがわかる（図8-1)。そのやりたいという気持ちをもつ人たちが，活動ができるような条件・機会の整備，またはやりたいという気持ちになるような情報提供や教育システムは重要な課題である。

またメンバーが増えてくると数人の対等な議論による運営ではなくリーダーの明確化も必要となってくる。リーダーシップが発

図 8-1　ボランティア参加の意向

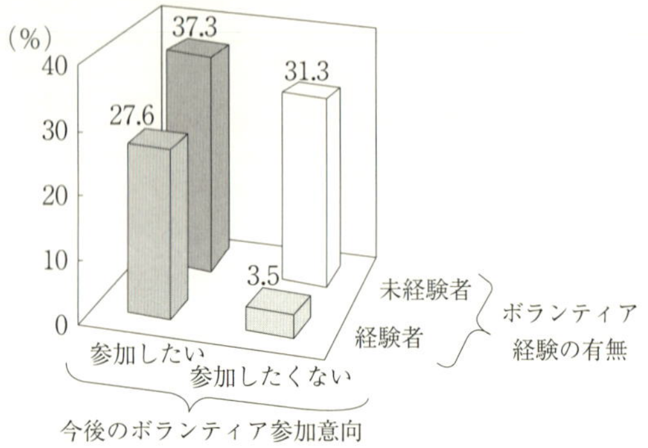

(出所)『平成 12 年度版国民生活白書』。

揮されない組織は，停滞したり，無責任体制となっていずれ消滅してしまう可能性も高い。

リーダーには，ミッションを明確に理解し，積極的に活動に参加し，責任も負えるという人が求められる。強固な信念のもとに先駆的な時代を切り開くような発想ができるカリスマ性をもった人材であることも重要であるが，それとともに柔軟な発想や人間関係をうまく調整できることが必要であろう。

ボランティアコーディネーターの役割

ボランティアコーディネーターとは，ボランティアの受け入れの調整や研修などによってボランティア活動を支援する専門職である。このボランティアコーディネーターの必要性は，阪神・淡路大震災時に注目され，ボランティアを必要とする人とボランティアをしたい人の調整が不可欠であることが認識され，ボランティア活動を推進する要として定着しつつある。またボランティアコーディネーターの業務はボランティアの調整機能にとどまらず，ボランティアニーズに対応するために，新たなボランティアを養成したり，さらにボランティアの活動希望に添って，地域のニーズを掘り起こし，必要な活動プログラムを開発していくなどの幅広いボランティア支援機能をもっている。

4 ボランティア活動のリスク管理と評価

ボランティアと事故

ボランティア活動は，善意によっておこなわれることが多いが，よかれと思っておこなった活動であってもその結果がいつもよい，というわけではない。人がおこなう活動である以上，どんなに気をつけていても事故が起こる可能性は否定できない。1983年には三重県で子ども会のハイキングに参加した子どもが，活動の途中水死し，その活動の責任者であったボランティアは，不法行為に基づく賠償責任が認められたという事件があった。98年には社会福祉協議会のボランティア紹介で送迎支援をしたボランティアが，そのときに障がい者が転倒した事故によって損害賠償を請求されたという事件があった。この場合はボランティアには注意義務違反はなかったとして責任は否定されている。これらの事件は，ボランティア活動であるといっても，事故が起きた場合，その責任が問われることが示されている。

そのような場合に備えて1977年ボランティア保険が発足している。ボランティア保険は，ボランティア活動時に起こるさまざまな事故からボランティアを補償する制度であり，全国の市区町村社会福祉協議会を窓口に対応している。

また，最近は，ボランティア団体が福祉事業にも参入し，多様なサービスを提供しつつあるが，介護事故なども増加しつつあり，事故（リスク）を適切に管理する方法である**リスクマネジメント**をおこなうことが重要な課題となっている。もっとも重要なリスクマネジメントとは「事業者と利用者の相互理解」であると言われているが，利用者との信頼関係を日常的に形成し，情報の開示や説明責任をしっかりしていくことがさらに求められている。

ボランティア活動の評価

ボランティア活動は継続していくことに重要な意味があるが，①その活動内容はミッションに添っているのか，②ミッションは達成されつつあるのか，③サービスを利用する当事者の人たち，活動に参加する人たち，そして地域の人たちにとって，有効であったのか，について評価をすることが必要である。

社会福祉法では福祉サービスの自己評価は事業者の責務（第78条）とされ，認知症高齢者グループホームでの第三者評価は2002年から義務づけられた。第三者評価とは「事業者の提供するサービスの質を当事者（事業者および利用者）以外の公平・中立な第三者機関が，専門的かつ客観的な立場から評価する事業」であり，その目的は利用者が適切なサービス選択ができることを保障することにある。福祉サービスは，誰でもない利用者本人にとって有効でなければ意味がない。したがってボランティアがおこなう事業についても，組織のミッションに基づき，利用者に適したサービスであるかどうかを第三者の立場で，さらに利用者の視点から評価するシステムを確保することが必要不可欠である。

図 8-2　ボランティア活動の評価

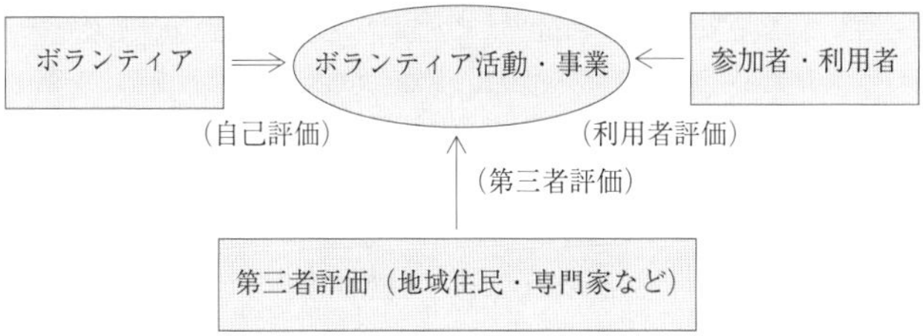

アドボカシーの役割

社会において権利を生み出す最前線の活動はボランティアが担っているといわれている。福祉国家を確立したデンマークにおいても近年ボランティア活動が活発化している。1992 年にボランティア活動の促進と情報・教育を担う機関として開設されたデンマークのボランティアセンターでは，ボランティアは新しい試みを開発する役割を担っているという。なかでも福祉分野におけるボランティアとは①1 人ひとり，グループを対象とし，その人たちの快適な生活，あるいはケアを増やすような対策・行動をすること，②公的部門が対応できない人びとへのサービスをおこなうことと定義されている。

デンマークボランティアセンター所長は「ボランティア活動によって，社会的にもっとも弱い立場の人の権利を守り，ヒューマニズムに基づいて，公的機関が見逃してきたこと，できなかったことを担い，社会関係資本（ソーシャル・キャピタル）を大きくしていくことが重要である」と述べている。また高齢者サービスの領域では，高齢者住民委員会の委員が選挙で選出され，利用者ニーズを政策に反映させ，権利擁護の役割を担っている。

ボランティア活動は，政府に対峙し，行政の監視，より優れた社会サービスの創出，あるいは少数者の権利擁護・**アドボカシー**等さまざまな形態によっておこなわれている。これらの活動によって当事者の権利を回復し，その生活を豊かにすることを目的としている。ボランティアは，もっとも弱い人たちの立場に立ち，公的部門とも協働しながら「市民の生活問題をより容易に解決する社会関係資本」（パットナム［2006］，352 頁）を構築しつつある。

引用・参考文献

朝野賢司ほか［2005］，『デンマークのユーザー・デモクラシー――福祉・環境・まちづくりからみる地方分権社会』新評論。

川北秀人［2006］，『市民組織運営の基礎――組織を育てる 12 のチカラ』（新版）IIHOE 人と組織と地域のための国際研究所。

リップナック，J. &スタンプス，J.／社会開発研究所訳［1984］，『ネットワーキング――ヨコ型情報社会への潮流』プレジデント社。

Ministry of social affairs. Denmark［2001］, *The Voluntary social sector in Denmark.*

パットナム，R. D.／柴田康文訳［2006］，『孤独なボウリング――英国コミュニティの崩壊と再生』柏書房。

佐藤慶幸［2002］，『NPO と市民社会――アソシエーション論の可能性』有斐閣。

田尾雅夫［1999］，『ボランタリー組織の経営管理』有斐閣。

内海成治ほか編［1999］，『ボランティア学を学ぶ人のために』世界思想社。

山岡義典編［1999］，『NPO 基礎講座――現場から見たマネジメント』ぎょうせい。

Column 8　隣人愛

「孤児の父」といわれる石井十次は，ある貧しい母子との出会いをきっかけに22歳で孤児救済事業を始めている。彼は当時の日記に「孤児のため　命を捨てて働かん　永《とわ》の眠りの床につくまで」と記したという。そこには正義感と熱い思いがあふれているが，石井は当初から冷静に子どもたちの自立をめざしており，その思いは現在も受け継がれている。

石井十次の意志を直接受け継いだ石井記念愛染園が運営しているわかくさ保育園は，日本三大ドヤ街の１つといわれる釜ヶ崎にある。その保育園では，「ひだまり」という元ホームレスの人たちのボランティア団体が園庭の掃除をおこなっている。「ひだまり」の人たちはかつて労働者として働き続け，高齢になって仕事にあぶれ，ホームレスになってしまったが，本当は仕事がしたい，社会の一員として人の役にたちたいと思っていたという。その思いをわかくさ保育園は受け止めたのである。そして保育園児は元ホームレスのおっちゃんたちが掃除をしてくれているのを見たり，一緒にいもづくりをしたりするなかで，「おっちゃんたちすごいなー」と言っている。おっちゃんたちも子どもたちから元気をもらっているという。この関係はどちらがボランティアかわからないが，それでいいとわかくさ保育園の園長はいう。

釜ヶ崎で長年ホームレスの人たちと向きあってきた本田神父は，「日雇い労働者の本当の願いは，やはり働いて生活したい。そうすれば誰にも頭をさげなくていい」というものであるという。さらに神父は，隣人愛について，善意のボランティアの人たちのなかに，「自分の家族の１人であるかのように愛せるようにならなければ」と思っている人たちがいるが，「貧しくされた人たち」はたてまえの押し付けは拒否する。隣人愛とは「好きになるということではなく，自分自身が大切なように隣人も大切にするということである」という。

＊本田哲郎［2006］，『釜ヶ崎と福音――神は貧しく小さくされた者とともに』岩波書店。

第III部

地域と新しい公共性

福祉ボランティアの実践が拓く可能性

●第Ⅲ部の「地域と新しい公共性――福祉ボランティアの実践が拓く可能性」は第9章から第13章まで5つの章で構成されている。

●従来「公共」事業という名のもとに日本中の山が削られ，高速道路や新幹線，空港がつくられ，海岸線はテトラポットで固められ，そこでは個の利益より「公共の福祉」が優先されていった。そのような従来の「公共」ではなく，私たちが主体的に1人ひとりの人権・生活を豊かにすることをめざして創造する公共を新しい公共として位置づけたい。「公」（行政）ではなしえない，あらたな「公共」の概念をつくるという，創造的営為こそ民間性（右田［2005］）であり，福祉ボランティアの実践は新たな公共を切り拓きつつあることを示したい。

●第9章の「地域に広がれ！ ボランティア」では，新しい公共性が福祉の各分野でどのように展開しているのかを紹介している。第10章「なぜボランティアがサービスを供給するの？」では，民営化におけるボランティア団体の位置づけについて論じている。第11章の「福祉ボランティアがつくる地域の自治」では，地域を内発的に創造するボランティアの役割を論じている。第12章の「福祉ボランティアが社会で起業する？」では，コミュニティ再生を実践する社会的企業の可能性をイギリスの事例を中心に論じている。第13章の「社会運動と福祉ボランティア」では，新しい社会運動を担うボランティアの役割を在日の事例から論じている。

第9章 地域に広がれ！ボランティア

地域福祉の展開と福祉ボランティア

横須賀基督教社会館に，夜になると「骨を刺すような魂も凍るような孤独の恐怖」におそわれるという一人暮らしの高齢者からの手紙が届いた。それをきっかけに，一人暮らしの高齢者の仲間づくりや，食事づくりのボランティア活動が始まった。1人の声をしっかり受け止めたことが，地域のボランティアや民生委員が中心となった福祉のまちづくり活動に発展していった。毎年恒例のバザーは住民・ボランティアが企画・運営し，子どもも高齢者も障がいをもつ人も集まる横須賀市田浦地区の一大イベントになっている。

地域には子どもも高齢者も，障がいをもつ人ももたない人も，日本人も外国籍の人も，女性も男性もさまざまな人たちが，いろいろな思いをもって日々を過ごしている。「グローバルに考え，ローカルに行動する」という言葉があるように，家からの一歩をいつもと違う方向に踏み出すだけで，新しい，今までとは異なった魅力ある世界があるだろう。この章では，そんな一歩を踏み出した福祉ボランティアの多様な領域にわたる活動を紹介したい。

1　地域福祉とボランティア

地域福祉と地域組織化

地域福祉とは，地域社会を基盤とした福祉である。しかしそれにとどまるものではない。私たちは，家族とともに，もしくは1人で，地域に居住することによって地域社会のなかで日々の生活を営んでいる。したがって，生活拠点である地域社会は，私たちの生活と不可分な関係をもっている。

私たちは，隣近所の人と挨拶をしたり，近所のお店で買い物をしたり，また病気になれば近くの病院に行くであろう。私たちはそれらの日々の関係を通常あまり意識することなく過ごしている。しかし，昨今，どこにでも起こりうると思われるような幼児・小学生の誘拐や殺人事件，もしくは一人暮らし高齢者の殺人事件や詐欺事件，孤独死，また子育て不安や介護不安なども地域社会に漠然と存在している。それらの不安の背景には，地域社会での人間関係の希薄化，そして孤立がある。

私たちの生活拠点である地域社会を私たちにとって安全・安心なものにしていくことをめざすのが地域福祉の重要な役割である。地域社会とは，子育ての問題や介護問題等の生活問題が発生する場であり，それらの問題は，個人的な問題ではなく，そこに居住する住民にとって共通する課題である。したがって，その課題の解決を自分たちの地域社会の外に求めるのではなく，自分たちの生活圏のなかで，問題を解決する努力を協働でおこなっていくことが求められる。たとえば，重介護の状態になったとき，自宅から遠く離れた特別養護老人ホームに入所するという方法ではなく，自宅で，必要な介護・看護サービスを利用できる方法を選択したいと望むならば，24時間365日対応できる地域ケアシステムをつくっていくことが住民に共通する重要な課題となる。

私たちの生活は，行政や市場のサービス，さらに住民自身による活動や事業を利用することによって成り立っている。介護問題の解決には公的な介護保険サービスが重要であるが，介護保険サービスは，私たちが選択した政治によって，国民の合意を基盤につくられたものであり，その予算によって，サービスの量と質は規定され，すべての介護ニーズを充足するようにはなっていない。在宅サービスは24時間対応になっておらず，必然的に制度外のサービスが不可欠である。さらに一人暮らしの高齢者の日常的な見守り活動と緊急時の対応は，近隣の住民がおこなう以外の方法は想定困難である。また災害時に自分の命を救ってくれる可能性があるのは，市役所の職員や会社の同僚ではなく，近所の人であろう。

私たちの生活は，全体性，継続性，個別性，地域性を柱とする（右田［2005］）ことから，自分たちが生活する地域社会の他の人びととの協働によって生活を支えあうという関係を必然的にもつのである。そのような住民同士の支えあう関係をつくることを地域組織化という。

岡村重夫は地域福祉の構成要件を，①コミュニティ・ケア，②一般地域組織化（コミュニティづくり）③福祉組織化（福祉コミュニティづくり）④予防的社会福祉としている（岡村［1974］）。①コミュニティ・ケアとは，コミュニティを前提とし，施設ではない日常生活に必要な直接的在宅サービス活動であり，②一般地域組織化とは，住民自身がコミュニティづくりの主体として，地域の問題を議論し，解決につなげていくための組織化活動である。③福祉組織化とは，地域社会のなかの少数者集団である要介護高齢者，障がいをもった人びと等当事者とその利益を代弁する人たちの組織化活動である。④予防的社会福祉とは，個人の生活を全体としてとらえることによって，地域社会住民全体の社会生活上の困難の発生予防を目的としたものである。

社会福祉協議会とボランティア

2000年に改正された社会福祉法では，地域福祉の推進が目的として掲げられ，それを担う団体として社会福祉協議会（以下社協）が位置づけられている。社協とは，戦後GHQ（連合国軍総司令部）の指導によって組織化されたものである。伝統的な救貧制度をひきずり自助・相互扶助を強調していた旧厚生省に対し，GHQは社会福祉の民主化政策として国家責任，無差別平等などの厚生行政6原則を提示した。なかでも民間への責任転嫁を禁止し，公私分離を明確にする目的で指示されたのが「団体及び施設により自発的に行われる社会福祉活動に関する協議会の設置」であり，日本社会事業協会，全日本民生委員連盟，同胞援護会が再編・統合され，1951年に中央社会福祉協議会（現全国社会福祉協議会）が発足した。

同じく1951年には社会福祉事業法が制定され，すべての都道府県に社協が設置された。GHQの指導によって，社会福祉活動の統合は，ニューディール政策と結びついたコミュニティ・オーガニゼーションという方法によって展開されていくこととなる。コミュニティ・オーガニゼーションとは，住民自らが，ニーズを明確にし，そしてそれを解決するために目標を設定し，その実現

表 9-1　市町村ボランティアセンターモデル

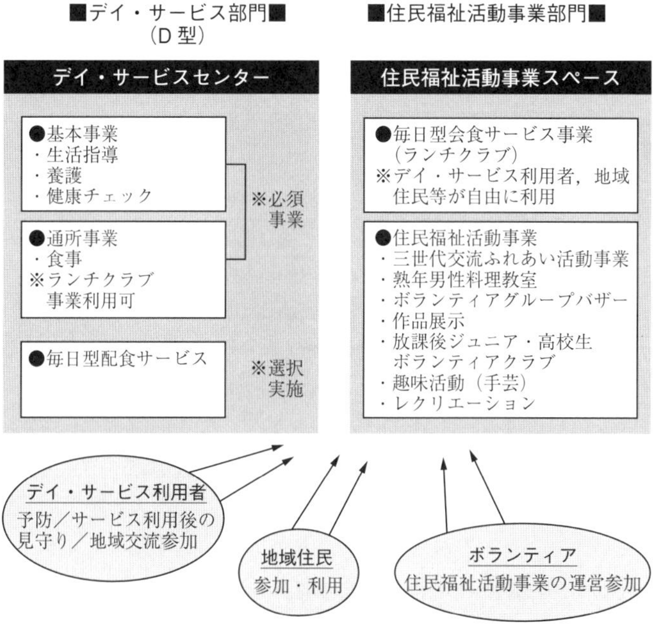

（出所）　全国社会福祉協議会・全国ボランティア活動振興センター『ボランティア活動推進 7 カ年プラン構想』。

をめざして社会資源の動員や自らの行動を起こしていくという地域福祉の援助方法である。このような方法を実施していくために各市町村単位に社協が創設され，62 年には市町村社協を単位として「住民主体」原則によって地域福祉活動を展開することが確認されている。同年善意銀行（現ボランティアセンター）が設置され，現在は，ボランティアセンターは全国に 2736 カ所（3211 市区町村の約 85.2%），ボランティアコーディネーターは 2898 人（2004 年）となっている。

図 9-1　団体所属ボランティアと個人ボランティアの人数推移

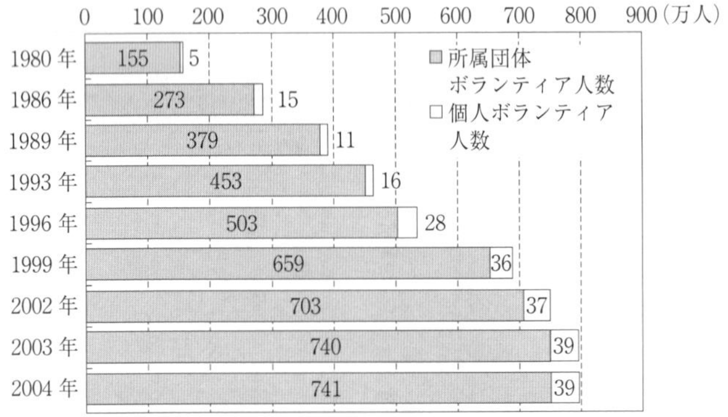

（出所）　全国社会福祉協議会『ボランティア活動年報 2004 年』。

各社協のボランティアセンターでは，ボランティア講座や相談，調整事業などをおこなっている。具体的には，社協のデイサービスセンターなどの在宅福祉事業や地域での食事サービス活動などへのボランティアの紹介や，さらに子育て支援・外国人支援等新しいニーズに対応できるボランティアの養成などをおこなっている。ボランティアセンターの支援等によってボランティア数は増加しつつある（図 9-1 参照）。

2　高齢者福祉とボランティア

一人暮らし高齢者見守り活動とボランティア

2004（平成 16）年度の国民生活基礎調査によると，わが国で「65 歳以上の高齢者がいる世帯」（以下高齢者世帯）は

1786万4000世帯（全世帯の38.6％）となっている。うち「夫婦のみ世帯」が525万2000世帯（29.4％），「単独世帯」373万世帯（20.9％）で，高齢者のみ世帯が50％以上を占めている。3世代世帯は20％強であり，1986年には3世代世帯が44.8％であったが，急速に高齢者世帯が増加している。2015年には高齢者単独世帯は570万世帯に達すると見込まれている。

また今の高齢者が生まれたころは「向こう三軒両隣」の親しい関係や「情けは人のためならず」という言葉が日常生活に根づいており，近隣の人びととの関係はとても密接なものであった。しかし現在（2003年）は「近所の人と親しくつきあっている」という高齢者は52.0％（1988年には同64.4％）であり，その割合は年々低下傾向にある。また諸外国との比較でも図9-2のようにわが国では，友人や近所の人と話をする機会がほとんど毎日ある人の割合が低く，かつ1週間でほとんどない人の割合が高い。

2006年2月高齢者住宅で孤独死という事件が相次いで起こった。高齢者が一人暮らしになったときの切り札とされている高齢者住宅で起こった事件だけに管理の不備等が問われるであろう。しかし，私たちは高齢期の安全についてセキュリティシステムがあれば安心と思えるだろうか。もちろんミニマムとしての安否確認は重要であるが，孤独死の背景には日常生活の孤独の問題が潜んでいる。孤独死とは阪神・淡路大震災時に大きな社会問題としてクローズアップされた言葉であるが，震災後数年たっても孤独死が続き，なかでも仮設住宅における多くの孤独死は，コミュニティから排除された結果としての「死」であったという特徴がある。つまり孤独死とは高齢者が地域社会での社会関係を失った場合の当然の帰結として現れる構造的な問題なのである。震災とい

図 9-2　高齢者の近所の人たちとの交流

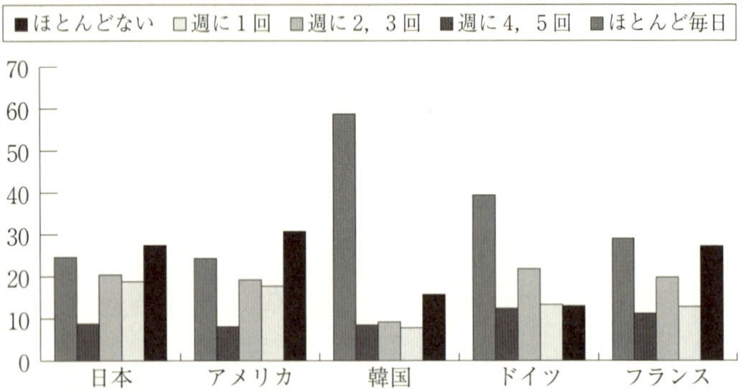

（出所）　内閣府『第6回高齢者の生活と意識に関する国際比較調査結果について』（2005年）。

う「自然災害」によるものではないが，「加齢だけを基準に『高齢者』へのカテゴリー化が行われ，ベルトコンベアからの自動的な排除が行われる」（栗原［1997］，49頁）というように，高齢によって会社や子育てなどをとおしての今までの社会的な関係が切断され，孤独な状態に追いやられてしまうのである。

千葉県松戸市の常盤平団地では，2001年春一人暮らしの59歳の男性が白骨死体で発見されたことに住民はショックを受け，さらに翌年もリストラされた一人暮らしの57歳の男性の孤独死が発見されたことから，自治会と常盤平団地地区社会福祉協議会が緊急時の通報ネットワークシステム「孤独死110番」を整備し，「孤独死を考えるシンポジウム」なども開催した。その後，市内では90件の孤独死が確認され，うち50歳から64歳の若年孤独死が3割にも達していたことから，自治会と常盤平団地地区社協は「まつど孤独死予防センター」を設置し，住民が「あんしん登録カード」をつくったり，地域のボランティアが中心になって電話や面接相談をおこなうなど活発に地域の見守り活動を展開している。

全国各地の市町村や地区の社協では，一人暮らし高齢者や要支援の高齢者の地域での見守りネットワーク活動や小地域単位で気軽に集まってお茶を飲んで，おしゃべりをしたり，簡単なレクレーション活動をおこなう「ふれあい生き生きサロン」活動などが多くのボランティアの運営によって週1回程度開催されている。高齢者のコミュニティでの居場所づくりは超高齢社会に当面する私たちの地域にとって重要なボランティア活動の1つである。

小規模多機能ケアとボランティア

高齢化が急速に進むなか，1989年に国は「高齢者保健福祉推進10カ年戦略」（通称ゴールドプラン）を策定し，在宅介護・在宅福祉を拡充することを宣言した。当時のデンマークの在宅サービスの水準の3分の1レベルとはいわれたものの，従来のわが国の水準から見ると画期的な方針であった。そしてそれを実施するために1990年に老人福祉法等福祉関係8法改正が，①在宅サービスの制度化，②在宅サービス・施設サービスの一元化，③市町村・都道府県老人保健福祉計画の策定を主なポイントとしておこなわれた。

すべての自治体で策定された老人保健福祉計画の結果から，介護サービスがゴールドプラン以上に必要であることが明らかになり，1994年には新・ゴールドプランが策定された。そこで新たに財源問題が浮上し，従来の措置システムによるサービス提供では福祉予算が不足するとの認識から，介護問題の解決を租税ではなく，社会連帯を基盤とした社会保険方式によっておこなうという新介護システムが提起され，97 年に公的介護保険法が成立し，2000 年から実施されている。介護保険法の成立にいたるまでには，介護の現場での多くのボランティアの実践があった。在宅福祉サービス活動の先駆的な取り組み，さらに老人ホームづくり運動として，4 人部屋という雑居ではなく，自分たちも入りたいと思える個室の老人ホームづくりも展開された。また認知症高齢者のグループホームづくりや宅老所運動などが全国的に急速に広がっていった。

宅老所運動は 1980 年代，「呆け老人を抱える家族の会」（現「認知症の人と家族の会」）や特別養護老人ホーム，老人病院等の介護専門職が中心となって取り組みはじめた。当時の高齢者福祉は「寝たきり」対策が中心であり，認知症をめぐっては無策に近い状態であった（渡辺［2005］）。83 年には群馬県に「デイセンターみさと」，87 年島根県に「ことぶき園」，91 年福岡県に「宅老所よりあい」というように，各地に認知症の高齢者がその尊厳を保持し普通の生活を送る場としての宅老所が誕生していった。

宅老所よりあいの下村恵美子は「大場ノブヨさんは，マンションに一人暮らしをする 92 歳の女性高齢者です。いくつもの病気を持ち，物盗られ妄想が強いため，みんなが手を焼く，いわゆる“問題老人”でした。当時のデイサービスは，住所が遠い，盗られ妄想は困るなどといって断られました。目の前のこの人を何とかしないと，こうなったら自分たちでつくるしかない。やれることからやろう。この時，それまで思い悩んでいた気持ちがふっきれました」と語っている。

「ことぶき園」の槻谷和夫は，「どのような障害を持とうとも，住み慣れた家や地域の中で生活し続ける権利を主張する」という思いをもちつづけ，共感する人たちと思いを形にしていった（渡辺［2005］)。下村や槻谷たちの要介護高齢者やその家族の立場に立ったボランタリーな思いと活動が，今日の「**小規模多機能ケア**」へとつながっていった。「小規模多機能ケア」とは，「2015年の介護」（団塊世代が高齢者になる2015年からの介護のあり方に関する提言）で提案された新しい介護サービス体系の核となる「住み慣れた地域で365日24時間安心して暮らせるよう小規模で『通い』『泊まり』『訪問』『居住』というように利用者の状態の変化に応じて，切れ目のないサービスを提供する」というものである。

3 障がい者福祉とボランティア

ノーマライゼーションと障がい者自立生活運動

自分の子どもが重い障がいをもって生まれてきたとき，その子どもと一緒に暮らすことができないなんて想像できるだろうか。1950年代，デンマークの障がい児をもつ親たちは，入所施設の改善を求めて運動を起こした。そのとき誕生した思想が**ノーマライゼーション**である。バンク・ミケルセンは「たとえその障害がどれほど重いものであっても，人は他の人々と全く平等であり，法的にも同じ権利をもっている。彼らの人としての権利が実現するような社会の状態をつくりだしていかなければならない」（花村［1994］）と述べている。

ノーマライゼーションは地域福祉の理念であり，それは思想であると同時に現実化することが求められる。ノーマライゼーションを日常生活，地域社会のあり方として考えるためにベンクト・ニイリエはその原理を以下のように明確化した（ニイリエ［1998］，130 頁）。

ノーマライゼーションの原理

1　一日のノーマルなリズム

2　一週間のノーマルなリズム

3　一年間のノーマルなリズム

4　ライフサイクルにおけるノーマルな発達保障

5　ノーマルな個人の尊厳と自己決定権

6　その文化におけるノーマルな性的関係

7　その社会におけるノーマルな経済水準とそれを得る権利

8　その地域におけるノーマルな環境形態と水準

またアメリカでは，1970 年代，重度障がい者主体の自立生活運動が，自立生活（Independent Living＝IL）思想を提起した。IL 思想は，身辺自立や経済的自立という伝統的な自立観の問題性を鋭く指摘し，「障害者が他の手助けをより多く必要とする事実があっても，その障害者がより依存的であることには必ずしもならない。人の助けを借りて 15 分かかって衣類を着，仕事に出かけられる人間は，自分で衣類を着るのに 2 時間かかるため家にいるほかはない人間より自立している」という言葉に象徴される新たな自立観を打ち出した（定藤ほか編［1993］，8 頁）。

1980 年代初めに IL 運動のリーダーたちは来日し，日本の障がい者運動にも大きな影響を与えた。全国各地で障害者自立生活セミナーが開催され，それまで，親亡き後を心配し，親もとから離され，施設で生活することが当然だとあきらめていた障がい者たちが，多くのボランティアの支援を得てアパートを借りて，一人暮らしを始めていった。しかし24時間ケアのシステムが未整備な状況においては，障がいをもつ人たちの生活はボランティアの支援やNPOのサービスを利用しながらも不安定な状況にある。そんな困難な状況を描いた『こんな夜更けにバナナかよ』というルポルタージュがある。そこには，24時間介助が必要な筋ジストロフィーという病気の鹿野さんとボランティアでつくる壮絶で温かい日常が描かれている。渡辺一史は「地域で生きることを志す重度障害者たちは『他人と生きる宿命』をそのカラダに刻みつけられた人々である。人との関わりを絶って部屋にこもっていては生きていけず，障害が重ければ重いほど多くの人間関係を結び，その関係が豊かでなければ生きていけない」という。このボランティア活動の場で形成される関係は，ボランティアと障がい者というよりも人と人との対等で真剣な関係である。その関係は‘濃密’なものである（渡辺［2003］)。

障がい者領域のボランティア活動では，日常的に自立と向きあい，自分自身の自立観や生き方が問われる。そして1人を支えるために数十人ものボランティアが連携を求められる。そのようななかで‘濃密な’関係が生み出されていく。

脱施設の取り組みとボランティア

国際的には脱施設化が推進され，わが国でも1990年代からは在宅福祉が制度化された。介護保険も在宅重視の方向を明確にし，在宅介護・在宅福祉が推進されつつある。脱施設化の源流は，イギリスのコミュニティ・ケアにあり，精神障がいをもつ人びとの大規模施設の弊害が顕在化してきた1950年代から，精神病院での隔離された生活ではなく，地域で患者の社会関係を維持しながら訪問看護など各種のサービスと組み合わせて支援するという実践が始められた。また同じ頃デンマークでは先述のようなノーマライゼーションの思想が提唱され，その思想に基づいて「地域の住まいは障害をもつ人々が他の人々と共に生活していくための前提条件」（河東田［2002］）と位置づけられ，施設解体の実践が展開され，ヨーロッパ等では「施設から在宅へ」は実体化してきている。

わが国でも2004年宮城県が「みやぎ知的障害者施設解体宣言」を発表した。2002年に，宮城県内の舟形コロニー（定員486人）を10年までに解体し，入所者全員を地域生活に移行させるという「施設解体宣言」があり，その実践を県全体に広げることをめざして宣言されたものである。舟形コロニーからは，知的障がい者が本人の希望に添って，地域のグループホームでの生活を実現しつつある。そこでは数人の障がい者の共同生活を世話人，さらに多くのボランティアがサポートし，地域の人びととのつながりも少しずつ生まれてきている。自立生活運動のなかで，知的障がいをもつ人たちが「障がい者である前に人間です」という宣言をし，ピープルファースト運動が展開されるようになり，当事者の意思を尊重しながら支える活動が広がりつつあったことが背景にある。

また長崎県にある雲仙コロニーは30年近くにわたって脱施設にチャレンジしてきている。最近では地域のグループホームでの生活から結婚して2人でアパート等で暮らすという人びとを専門職と多くのボランティアが支援する取り組みが進められている。雲仙コロニーの所長は「人を好きになってわくわくしたり，嫉妬したり，ほっとしたり。時にはうまくいかないこともある。それが人生ですたい。一度限りの人生。何もなかより，よっぽどよかじゃなかですか。それを支援していきたい」と言う。この言葉からは先のニイリエのノーマライゼーションの原理が生活のなかに生きていることが実感できる。

4　子ども福祉とボランティア

子どもとボランティア　産業革命以降，児童労働や国際的な紛争のなかで多くの子どもたちが犠牲になったことを背景に，エレン・ケイは20世紀を「児童の世紀」とし，子どもの福祉が実現される世界をつくることを主張した。それを踏まえ人類は児童に対して最善の努力を尽くさなければならないとジュネーブ宣言（1924年）が採択された。しかし，第2次世界大戦ではさらに多くの子どもたちが犠牲になった。戦後1946年第1回国連総会で国連国際児童緊急基金が設立され，子どもたちへの緊急援助活動をおこなった。その後国連児童基金（略称UNICEF）と改称され活動は継続されている。今，なお各地における経済・社会資源等の問題を背景とした宗教・民族等の対立による紛争，さらに国際的なテロ活動による戦争状態は継続しており，ジャーナリストのヘレン・トーマスが「なぜ，罪もない子どもたちが殺されなければならないのですか」と発言したように，いつの時代も戦時下においては多くの子どもが傷つき，殺され続けている。ユニセフは子どもの権利を擁護し子どもたちの生存・発達を守るため，保健，栄養，水・衛生，教育などの支援をおこない，そこには多くのボランティアがかかわっている。みなさんのなかにも学校等でユニセフ募金に協力した経験のある方もいるだろう。

そのユニセフは，武力紛争，自然災害，児童労働など「困難な状況」におかれている発展途上国の子どもたちを守るために「子どもの権利条約」を早期に採択する呼びかけの中心となった。その結果1989年の国連総会で「子どもの権利条約」は，満場一致で採択された。

現在の私たちの国は平和である。しかし平和な日本の子どもたちは今，幸せに暮らしているのだろうか。競争社会においては子どもたちの学力低下にばかり目が向けられ，ようやく定着しつつあった「ゆとり」教育も見直されはじめた。「子どもの発見」者であるルソーは，子どもを「自然人」と名づけ，自然で内発的な成長を強調している。

1975年，わが子の遊ぶ様子からその環境に疑問を抱いた1組の夫婦が中心となり，東京・世田谷に冒険遊び場を開設した。イギリスの冒険遊び場にヒントを得たこの遊び場は，79年には国際児童年の記念事業に採択され，住民と世田谷区との協働事業である日本で初めての常設の冒険遊び場『羽根木プレーパーク』が誕生した。ここでは，子どもたちは木に登ったり，焚き火をしたり，子どもたちの「やってみたい」という思いをプレーリーダーや地域の大人たちが支え，子どもの育とうとする力を引き出す場になっている。2005年から区内4つのプレーパークが核となってNPO法人「プレーパークせたがや」を立ち上げ，運営は引き続きボランティアや地域の人たちが担っている。

その一方，子どもの虐待問題も深刻化しつつある。1995年愛知県に創設されたNPO法人「子どもの虐待防止ネットワーク・あいち」（CAPNA）は，子どもの虐待に関する電話相談，危機介

写真提供：NPO 法人プレーパークせたがや

入，調査研究，社会啓発，援助・予防活動をおこなっている。子どもにかかわる専門家とボランティアが協働し，虐待の早期発見・予防活動を幅広く展開している。地域での孤立した子育てを支えるために専門家が核となりながらボランティアと地域の人びとによって活動はより広く展開しつつある。

子どもは，私たちの未来であり，子どもが生き生きできなければ，生き生きした未来は拓けない。子どもが主人公になれる場をボランティアが積極的につくることが，私たちの未来を自分たちでつくることにつながっていく。

3 世代交流とボランティア

私たちの地域社会は，少子高齢社会という特徴をもっている。少子化は，現代社会が，子どもを産み，育て，家族をつくることに躊躇する社会になったことを示しているともいえる。現在の高齢者たちは，戦後，豊かな社会をめざし，男性はひたすら働き女性は専業主婦として子育てをし，経済成長を支え，競争社会，学歴社会，さらにその結果として環境問題，所得格差問題等を含む現在のリスク社会をつくった人びとである。かれらは，かれらが望んだ「本当の豊かさ」を，かれらの定年後の豊かな時間を生かしてつくる責任とその可能性をもっているのではないか。

広井良典は「『生産』や『生殖（性）』から開放された，一見（他の生物からみると）余分ともみえる時間が『大人』の時期をはさんでその前後に広がっていること，つまり長い『老人』と『子ども』の時期をもつことが，人間の本質であり，それが人間の創造性や文化の源泉と考えられる」（広井編［2000］）として「人間の3世代モデル」を提示している。人間にとって「老人」と「子ども」である長い時期に意味があり，さらに「老人」と「子ども」との対の関係を形成することが，高齢者の人生を全うさせるという意味をもち，それは子どもにとっては高齢者の人生を引き継いでいくという重要な意味をもつ。

高齢者が子どもと対の関係をつくるための活動として「**地域三世代交流活動**」がある。地域三世代交流活動とは，高齢者世代，母親・父親世代，子ども世代とがかかわることによって，それぞれの成長・発達を豊かにしていく活動である。具体的には，地域で共働き世帯の子どもの保育園への送迎を高齢者がボランティアとしてサポートしたり，地域の農園で高齢者が子どもたちに野菜のつくり方を教える活動等がある。このような高齢者と子どもたちが対の関係をつくり，ともに地域づくりを担うボランティア活動が各地に広がりつつある。

また，専門職がボランタリーに新しいケアを生み出した活動として富山にある「このゆびとーまれ」という民間デイサービスがある。1993年に惣万佳代子と看護師の同僚2人が子ども・高齢者・障がい者が利用できる「このゆびとーまれ」をつくった。1999年にはNPO法人格を取得し，2000年からは介護保険事業にも取り組んでいる。「自分たちが小さい頃の町の風景は，障がい者もいて，おばあちゃんもいて，子どもたちもいるのが普通だった。ここでは子どもたちが何気なく高齢者と一緒にお茶を飲んでいる。高齢者に怒られたりもしている。子どもが一緒でなければお年寄りのあの笑顔は見られない」と惣万は言う。ある母親は「子どもが優しく育つ」と言ってここを利用している。このゆびとーまれを利用して亡くなられた利用者の家族はボランティアで通ってきている。また養護学校を卒業した障がいをもつ人たちが，有償ボランティアとして子どもや高齢者の食事等のケアをおこなっている。惣万は「このゆびとーまれは誰が利用者なのか，ボランティアなのか，職員なのかわからない。それでいいと思っている。生活に区分けする必要がないからである」と言う（惣万［2002］）。ここでは，ノーマライゼーションが理念としてだけではなく，現実になりつつある。

引用・参考文献

阿部志郎［1978］，『地域の福祉を築く人びと』全国社会福祉協議会。

花村春樹［1994］，『「ノーマリゼーションの父」N・Eバンク・ミケルセン』ミネルヴァ書房。

広井良典編［2000］，『「老人と子ども」統合ケア――新しい高齢者ケアの姿を求めて』中央法規。

河東田博［2002］，『ヨーロッパにおける施設解体――スウェーデン・英・独と日本の現状』現代書館。

栗原彬［1997］，「離脱の戦略」井上俊ほか編『岩波講座現代社会学 13 成熟と老いの社会学』岩波書店。

ニイリエ，B.／河東田博・橋本由紀子・杉田穏子訳［1998］，『ノーマライゼーションの原理――普遍化と社会変革を求めて』現代書館。

NPO 法人プレーパークせたがや　http://www.playpark.jp

岡村重夫［1974］,『地域福祉論』光生館。
定藤丈弘ほか編［1993］,『自立生活の思想と展望――福祉のまちづくりと新しい地域福祉の創造をめざして』ミネルヴァ書房。
シューマッハー, E. F.／小島慶三訳,［1986］『スモール・イズ・ビューティフル――人間中心の経済学』講談社学術文庫。
惣万佳代子［2002］,『笑顔の大家族　このゆびとーまれ――「富山型」デイサービスの日々』水書坊。
暉峻淑子［2005］,『格差社会をこえて』岩波ブックレット。
常盤平団地自治会　http://www.ne.jp/asahi/toki/jiti/
右田紀久恵［2005］,『自治型地域福祉の理論』ミネルヴァ書房。
渡辺一史［2003］,『こんな夜更けにバナナかよ――筋ジス・鹿野靖明とボランティアたち』北海道新聞社。
渡辺靖志［2005］,『宅老所運動からはじまる住民主体の地域づくり』久美。

Column ⑨ 志願兵

「1人のボランティアは強制されてやる2人に勝る」という英国キリスト教会に伝わる言葉がある。ボランティアの起源は，市民から Volunteer を募って外からの敵の進入に対して備えていた歴史にあると言われている。Volunteer とは，自由意志で活動する人＝志願兵という意味であり，自由意志，自発性がボランティアの要といわれている由縁がここにある。

この自由意志，自発性はどうしたら引き出せるのか。どのような条件や環境が必要となるのだろうか。シューマッハーは，現代社会の破局の道を脱出するための仕事をするのは，「年齢，財産の関係なく，権力や影響力のあるなしを問わず，われわれ1人ひとりである。未来を語ることに意味があるのは，現在の活動に結びつくときだけである」と述べている。1人ひとりが，どのようにして現代社会の多様な課題と向きあい，課題解決に向けた一歩を踏み出せるのかがもっとも重要な課題となる。一歩を踏み出す環境は，小さな集団，身近なコミュニティではないだろうか。シューマッハーは「人間というものは，小さな，理解の届く集団の中でこそ人間でありうるのである」(シューマッハー［1986］）と言っているが，私たちは小さな集団を組織し，そこで，自発的な活動をしながら信頼できる関係をつくっていく。そしてその小集団を社会システムに位置づけることが重要なテーマとなる。

1人の主体的なボランティアが日常生活圏であるコミュニティのなかで誕生し，ネットワークをつくっていくことが，確実な新しい公共性＝福祉コミュニュティづくりの方法ではないか。

第10章 なぜボランティアがサービスを提供するの？

福祉サービス供給と福祉ボランティア

社会福祉法人サンフレンズ上井草苑

1972年杉並区に誕生した「杉並老後を良くする会」は，誰もが犠牲にならずに安心して暮らせるまちをつくりたいと願う「主婦」たちによってつくられたボランティア組織である。そのボランティア組織が1994年日本初の「市民参加型社会福祉法人」サンフレンズを生み出した。当時数億の資金が設立に必要であった社会福祉法人をボランティア団体が，その活動実績の社会的評価によって創設したという画期的なものであった。専門性の高い，終の住み処と位置づけられていた特別養護老人ホームを担う段階にまでボランティア活動が発展してきたのである。

1　ボランティアによる生活支援と家族・コミュニティ

ボランティアが主役の生活共同領域

福祉サービスについて，ティトマスは社会福祉政策は「より広範な社会的文脈から孤立することはできない」とし，社会的生活と社会的行動の特定部分に対して特殊な焦点を求めるものである（ティトマス［1981］，66頁）と述べている。社会福祉政策は社会政策全般と深くかかわりをもち，それらと不可分な関係にある。したがって福祉サービスは，そのサービスがモノとして独自性をもつのではなく，そのサービスが誰に提供されたのか，さらに提供されたことによって利用者がどう利益を得たのか，ということによって規定される。つまりボランティアが提供する食事は，利用者の「解決されるべき」ニーズに対応することができたときに福祉サービスとなる。

近年，ボランティアは福祉サービスを提供しつつあるが，よりボランティアの独自性を発揮できる領域とは何かを明らかにしたい。私たちの生活は，家族によって形成される家庭という生活の場で，住居・耐久財・家事サービスによって個別に生活領域を形成しながら営まれている。しかしその生活領域は，政府や企業などの形成する家庭外の社会領域と接点をもちながら営まれている。

さらに高度経済成長期以降の生活は，家庭の生活領域が縮小し，外食産業など市場における商品を購入したり，保育サービスなど政府による社会保障・社会福祉サービスを利用したりしながら，安定し，安心できる状況を社会的に構築するなかで営まれている。

表 10-1　家庭内・外支援の領域設定による分類

	家庭内	家庭外			
領域	家庭内領域	生活共同領域	地域共同領域	社会的領域	
主体	家族	ボランティア・当事者組織	民間非営利組織	政府・民間非営利組織・企業	企業
社会資源の分配様式	自助	互助	共助	再分配	市場交換
信頼性	愛と信頼	親密感と信頼	連帯と信頼	制度と契約による信頼	契約による信頼
専門性	素人	素人＋専門性低	専門性低＋専門性高	専門性高	専門性高

そのうえ近年は社会・経済状況が不安定化し，少子高齢化によって家族は小規模化し，その形態や内実も多様化しつつある。そのようななか家庭の生活領域はますます縮小し，家族機能は脆弱化し，それ自体を基盤として安定性を確保することは困難となりつつある。

私たちの生活は，家庭内の領域と家庭外の領域によって成立している（表 10-1 参照)。家庭外の領域には社会的領域と家庭内の領域を一部含みながら形成される共同領域がある。その共同領域のなかにより家庭内領域に近く，互助の関係のなかで形成される「**生活共同領域**」と社会的領域に近く共助の関係のなかで形成される「地域共同領域」が設定できる。家族機能が脆弱化した今日，家族により接近した「生活共同領域」が重要な意味をもつと思われる。

「生活共同領域」とは，家庭外の領域であるが，家庭内にもっとも近く，ボランティアや当事者組織によって形成される活動領域として設定される。家族を基盤とした生活を家庭内に踏み込んで支援する場合，プライバシーの尊重とともに，信頼でき，安心感がもてることが何より重要である。さらにその支援は，「一時的に子どもを預かったり，夕食の食材を分けあったり，声かけをする」など従来は基本的には家族が担っていた領域であり，専門性が高いものではないが，日常生活に必要不可欠なものである。私たちが生活のなかで，困難や悩みを抱えたとき，通常は家族内での自助努力がおこなわれるが，家族自体が脆弱化し，疲弊している今日，家族を外部から支えることとともに家族自体を内部に入り込んで支える機能が必要な状況になってきつつある。したがって家族を外部からではなく，家族により接近し，内在化して支援する活動が求められている。「生活共同領域」での子育て支援や簡単な介護等の活動は，家族との信頼関係を必要とし，その関係はお互いに助けあうという互助的で対等なものである必要がある。この領域の主体はボランティアと当事者組織であるが，地域共同領域との違いは，その規模がより小さく，コミュニティ（日常生活圏域）を基盤としている点である。小さいことによって，より信頼し，理解しあうことができ，お互いが，あるときは助け，あるときは助けられるというような互助的な関係を形成できる点に特徴がある。

新しい近隣関係とボランティア

生活の社会化と家族機能の脆弱化によって，従来家庭内でおこなわれていた家事や子育て等が，インスタント食品の利用や保育・介護サービスの利用というような形で家庭外でおこなわれつつある。したがってどの家族にとっても子育て・介護等のサービスが必要不可欠なものとなり，そのことが介護・福祉サービスの普遍化・一般化という方向性を明確にし，社会福祉制度改革も実施された。介護の社会化は介護保険制度の成立によって確実に進展しつつある。しかし，従来家族機能に含まれ，家族が担ってきた家事を中心とした生活援助に関しては，誰がどのように担うのか，いまだ明確な答えはない。

現実には，1970 年代前半に地域の高齢者への友愛訪問や配食などボランティアによる生活支援活動が誕生し，80 年代に住民参加型在宅福祉活動へと発展し，90 年代に在宅福祉が制度化され，2000 年からは介護保険の生活援助サービスへという形で発展してきた。このような発展は，ボランティア活動や住民による互助的な活動が制度化につながったことを表し，ボランティア活動の先駆性が発揮できたと評価できる。とはいえ私たちの生活を支えることを制度だけでおこなうことは不可能である。制度はすべての人びとが同じ条件にある場合には必ず利用できるという面において優れており，生活のミニマム保障としてもっとも重要な位置にある。しかし，生活とは多様性と個別性をもつものであり，標準の画一化したサービスでは対応に限界があるのは当然である。したがって，個別性や柔軟性をもつボランティア活動は，人びとの生活を支えるためには不可欠な位置を占める。さらに多くのボランティアは在宅介護という点では素人であり，素人であることに重要な意味がある。素人の活動は誰でもできるものであり，誰もができることによって，その活動の継続性と広がりが期待できる。多様な素人のボランティア活動が広がり，相互支援的な関係が継続されることによって福祉が地域の文化となって根づくのではないか。

また，高度経済成長期以前は，「向こう三軒両隣」というお互いの生活を思いやったり，夕食のお惣菜を隣の家にもっていったり，子どもを預かったりというちょっとした手助けを日常的におこなう関係が日本のどこにでもあった。隣の人と話をしたこともないということもめずらしくない今日においては，「向こう三軒両隣」という近隣関係を，お互いのプライバシーを尊重しながら今日的に再生することが求められている。専門職の援助を利用しながらも，一人暮らしの人びとが増加するなか，ボランティア活動によってお互いの生活を支えあうことが今後ますます重要な課題となる。

以上のようにボランティア活動は，家族・コミュニティが脆弱化し，リスク社会といわれている現在，新しい家族や新しい近隣関係を再構築する支援を担うというところにもっとも重要な役割がある。

2 ボランティアがサービスをつくる

福祉多元化とボランティア

ボランティア活動の独自領域として「生活共同領域」での支援活動と近隣の助けあい活動について述べてきたが，ここでは福祉サービスの担い手としてのボランティアの位置づけを明らかにしていきたい。先述のとおり福祉領域のボランティア活動のなかで，もっとも活発に展開されている在宅福祉活動は，在宅福祉の制度化を切り開いた。

わが国では65歳以上の高齢者人口が全人口に占める割合が7％を超えて高齢化社会を迎えたのは1970年のことであった。その2年後，有吉佐和子の『恍惚の人』がベストセラーとなった。認知症の父親を嫁が介護するという当時顕在化しつつあった老人問題をあざやかに描き出したもので，多くの人びとの共感を呼んだ。その舞台は東京都の杉並区であったが，その杉並区に同じ1972年「杉並老後を良くする会」が発足した。このボランティアグループは，杉並区に住む「主婦」が両親の介護を担うなかで，誰かが犠牲になるような老人福祉の現状を自分たちの力で変えていかなくてはと声をあげ，学習をしながら近隣の高齢者の友愛訪問活動や食事サービス活動などをおこなっていった。このような活動は全国各地に広がり，自分たちの地域を安心して老いることができるまちにしようと食事サービスや移送サービス，デイサービスなどの在宅福祉活動を担うボランティアグループが誕生していった。

ボランティアの先駆的な取り組みを背景に全国社会福祉協議会は，1979年『在宅福祉サービスの戦略』を刊行し，在宅福祉サービスの重要性とその供給体制を提示し，社会福祉協議会（社協）を在宅福祉サービス供給システムの中核として位置づけた。その背景には，行財政改革が推進されるなか，市町村によって一元的に福祉サービスを提供するのではなく，サービス委託，外注等の民営化によって**福祉サービス供給主体の多元化**が推進されていたことがある。福祉サービスの多元化によって社協も含め多様な福祉サービス供給主体が誕生していった。

福祉サービスは多元化によって，①インフォーマルセクター（家族・親族，近隣住民，友人など）②民間営利セクター（営利企業，自営業者など）③民間非営利セクター（NPOなど市民グループ）④政府セクター（中央・地方政府機関）という部門により構

表 10-2　住民参加型サービス団体数の推移

運営形態	平成4年度	平成5年度	平成6年度	平成7年度	平成8年度	平成9年度	平成10年度	平成11年度	平成12年度	平成13年度
住民互助型	147	175	246	346	435	549	646	854	978	948
社協運営型	148	173	224	249	263	281	309	338	374	388
生活協同組合型	40	47	54	77	75	94	102	128	177	157
農業協同組合(JA)型	2	2	23	27	30	37	66	126	156	151
ワーカーズコレクティブ	39	45	58	72	105	116	149	131	131	125
行政関与型	31	36	39	42	45	51	58	48	41	42
施設運営型	4	4	5	6	8	13	12	15	15	15
ファミリーサービスクラブ			41	38	37	38	35	30	31	28
その他	8	38	1	4	4	4	32	4	9	61
合計	541	520	691	861	1,002	1,183	1,409	1,674	1,912	1,915

（出所）　全国社会福祉協議会『平成 14 年度住民参加型在宅福祉サービス団体活動実態調査』。

成されている。1980 年代にその多元化の新たな担い手として社協，福祉公社，生協，農業協同組合（以下 JA）等を基盤とした多様な住民参加型在宅サービス団体が誕生していった。また 95 年の阪神・淡路大震災でのボランティア活動の評価を直接の契機として 98 年「特定非営利活動促進法」が成立し，ボランティア団体が，法律上の主体と位置づけられ，行政とも対等で，国家による認定によってではなく，市民社会によって付与される地位を得ることになった。法人格を取得することによって公的サービスの委託を受けることもできるようになり，さらに介護保険事業にも参入するようになった。

協同組合と福祉サービス

福祉多元化は，民営化によって推進されてきた。政府ではなく，民間の非営利・営利団体によって福祉サービスが提供されることによって期待されてきたことは，サービス量の増大とサ

図 10-1　くらしの助け合いの会のしくみ

ービスの多様化による利用者の選択・自己決定権の保障である。民間非営利団体（NPO）には社会福祉法人，財団法人，社団法人，NPO 法人などがあるが，生協は，組合員が 2249 万人というわが国最大の NPO であり，「1 人は万人のため，万人は 1 人のために」という思想をもつ組織である。コープこうべは 1983 年わが国で初めて「くらしの助け合いの会」を創設した。くらしの助け合いの会とは，組合員が相互扶助の精神で互いの生活を守りあう活動と位置づけられ，買い物，食事づくりなどの家事援助活動を組合員同士が会員となって有償でおこなうというものである（図 10-1 参照）。この活動は全国各地の生協に広がり，現在 73 生協，7 万 8000 人の会員によって 103 万時間（2005 年度）の活動が展開されている。介護保険の実施に伴い，生協，JA 等協同組合は，くらしの助け合い活動などの組合員の相互扶助活動を基盤としながら介護保険事業に積極的に取り組んでいる。

V. ペストフは「市民が市民および共同生産者として積極的に

事業にたずさわるように促さなければならない。マルチステークホルダー組織や社会的監査を推し進めなければならない。これに成功すれば，内側から福祉国家を再生し，新千年紀には参加型福祉社会に移行することができるのである」(Pestoff［1998］, p. 29）と論じている。マルチステークホルダー組織とはさまざまな当事者たちの協議によって合意をおこなう組織であり，マルチステークホルダー組織であるNPO（協同組合組織など）がサービス提供するということは当事者がサービス供給に参加するということである。したがってマルチステークホルダー組織は**アドボカシー**（代弁）と，当事者が潜在力を発揮し，自己選択・決定をするエンパワメント（empowerment）の機能を果たすことが可能となる。NPO（ボランティア団体も含む）が福祉サービスを担うことによって，福祉サービスに利用者・住民の声を反映し，より質の高いサービスをつくっていくことが重要な課題である。

3 ボランティアと仕事づくり

有償ボランティアと専門職

ボランティアが福祉サービスを提供するということについては，専門職化を阻むものとして批判もある。この点について考えてみよう。通常ボランティア活動は，新しい問題に気づいた市民によって開拓的・先駆的に取り組まれるという特徴がある。市民が在宅福祉活動を実施することについては，当初ホームヘルパーの業務と重なることから，ホームヘルパーの身分保障を阻害するものとして批判も多くあった。しかし，急速な高齢化による介護ニーズの増大は「やむにやまれず」活動を始めたボランティアによって対応せざるをえない深刻な状況にあった。さらに1980年代から急増した有償ボランティアという位置づけは，新しい活動主体のあり方と新しい問題解決の方法を模索するなかで，必然的に誕生した「あいまいな」存在であったことが背景にある。その「あいまいさ」は，未解決であるが，介護問題が顕在化するなかで，介護の社会化を求める戦略として介護を「有償労働」として可視化する戦略がとられたことが介護保険制度の成立につながったと評価されている（渋谷［2003］)。「有償労働」とは，労働を商品として位置づけることであり，その商品の価値が賃金に反映されるというものである。ここで問題になるのは，介護が商品として正当な価値を評価されているか，という点である。

介護は1人ひとりの生命と生活を支え，人間の尊厳を守る専門性の高い労働である。その介護の専門性は，厚生労働省のホームヘルパー養成研修と介護福祉士の国家資格化によって確立しつつある。その背景には高齢化の急速な進展によるサービス量の増大への対応が求められたこと，さらにサービス供給主体の多元化による企業の参入にあたって，サービスの質を専門性の確保によって保障する必要があったことがある。しかし介護労働者の低賃金と不安定就労の実態は，介護労働の価値が低く評価されていることを表している。その専門性の確保や身分保障については，日本介護福祉学会・日本介護福祉士会の設立による研究や実践の交流，さらに労働組合活動等によって活発に展開されつつある。介護労働の専門性の確立とそれを反映した身分保障はもっとも重要な課題である。しかし，介護労働が家族介護の延長で位置づけられていることからも，「あいまいさ」はなお継続するであろう。

ボランティア活動と新しい働き方

ボランティア活動と労働は連続性をもっているが，その境界線はあいまいである。「働かざるもの食うべからず」という言葉があるように，私たちは労働することによって賃金を得て，そのお金で生活費を賄って日々の生活を送っている。しかし働くことが困難な人びと，貧困に陥った人びとに対しては，その最低限度の生活を保障することが福祉国家システムの合意となっている。今日，福祉国家の危機が叫ばれている背景には，貧困が拡大し，福祉国家が財政困難に当面していることがある。そしてより本質的な課題としては，福祉国家における最低限の生活保障は資産調査を伴い，スティグマ（恥の烙印）が付与されることから利用しづらいものであるが，一度利用すると仕事に就いて給付金がもらえなくなるよりも，失業して給付金をもらい続けてしまうほうが得であるという「貧困の罠」にはまる危険性もはらんでいるということがある。福祉国家は完全雇用政策を基盤としており，その完全雇用が失業者の増大によって保障されない状況が長期化しているのが現状であるが，その背景には福祉国家のもつ本質的な課題が顕在化したことがある。つまり貧困をどこまで国家が責任をもって解決するのか。そのことと労働との関係が権利としてどう保障されるべきかが問われている。

福祉国家を再建するため多様な政策が展開されつつあるが，その1つに「第三の道」という，貧困等によって社会的に排除されてきた人びとを単に保護の対象とするのではなく，自立を促進するために「社会的包摂（social inclusion）」をしていくという政策がある。この政策は福祉と就労を連携させることを意図したものであり，国際的に失業問題が深刻化しつつあるなかで，求職支援，職業教育等多様な就労支援が展開している。わが国でもフリーターとともにニートが増加しつつあり，さらに就労をしたくとも，技術や知識をいくら身につけても就労の場がない，また心身の状況によっては就労が困難である，という場合もありうる。そのような場合は，ボランティア，生きがい活動等多様な社会参加の方法がある。

生産主義の限界によって完全雇用が実現不可能な状況に当面している今日，就労を与件としない所得保障のあり方，さらに就労自体のあり方を見直すという方法が志向されつつある。そのなかで**ワーク・ライフ・バランス**（大沢［2006］）という働き方・生き方が注目されている。ワーク・ライフ・バランスとは，仕事と生活の調和をはかる施策として展開されているが，その具体的な施策であるワークシェアリングの本質は，多様な新しい働き方を提供するということである。同一労働・同一報酬，昇進，年金などすべて含めて条件が同一という枠組みのもと，個々人がライフスタイルに応じて働き方を選べるという「働く側の自由」の視点からの働き方である。そのような視点の取り組みとして，ワーカーズ・コレクティブという働き方もある。ワーカーズ・コレクティブとは，市民が個人資源（お金・知恵・時間・労力）を持ち寄って，地域に必要な「もの」や「サービス」を提供する「市民事業」を起こし，協同で働く，その働く人たちの協同組合である。この働き方により，女性のアンペイド・ワークをペイド・ワークへ，さらにコミュニティ・ワーク（地域における非営利活動）へと発展させていき，女性も男性も，働き方を変えることによって生き方も変えていくという社会をつくっていくことがめざされている。生活クラブ生協・神奈川では，ワーカーズ・コレクティブが介護保険事業と独自の福祉活動・事業を展開し，お互いの生活を支えあう「参加型福祉」という取り組みが活発に展開されている。ここではボランティアと労働が新しい生き方のなかで統合的にとらえられている。

4 パートナーシップとアドボカシー

ボランティア団体と行政とのパートナーシップ

福祉多元化によって福祉サービスは行政が一元的に提供するのではなく，多様な供給主体によって提供されることとなった。介護保険制度が実施された2000年は企業福祉元年とも位置づけられ，営利企業が福祉サービスの担い手として急速に増加しつつある。福祉サービス供給は市場経済の枠組みを前提としており，所得が保障されていれば，企業であろうが，ボランティア団体（NPO法人を含む）であろうが，ニーズへの対応が優れているサービスを利用者が選択できる条件は整いつつある。

また2003年9月の地方自治法の改正によって「指定管理者制度」が成立した。この制度は地方自治体が，市民が利用する公的施設を指定事業者に管理委任するというものである。具体的には保育所，学童保育，高齢者のデイサービス，生活支援ハウスなどが対象となっている。特別養護老人ホームや知的障がい者施設等は，社会福祉法による規制があるが，PFI方式（民間の資金やノウハウによって，公共施設の建設・調達をおこなうこと）等によって管理委任が進みつつある。

指定管理者制度の実施によって，ボランティア団体が公的施設の運営を担うことができるようになった。ボランティア団体が公的施設を管理・運営する際に重要な課題は，ボランティア団体が行政の下請けではなく，パートナーとして対等な関係を実体化できるかということである。「指定管理者制度」の指定行為は契約ではなく委任であることからも，企業や多様な公益法人との競争によってボランティア団体が管理者となる場合に，行政との対等な関係をいかに構築するかが課題となる。その対応方法として**パートナーシップ**という考え方を明記したイギリスの「コンパクト(Compact)」が参考になる。

パートナーシップの原則は，非同一性，対等性，時限性と言われており，それを実体化するためには契約が必要となる。対等な関係を築くためには，行政がボランティア団体を下請化しないことともに，ボランティア団体がアドボカシー（Advocacy）機能をもち，情報公開を前提に緊張関係にあることが重要なポイントとなる。イギリスのコンパクトは，中央政府とボランティア団体との役割分担やボランティア団体の独自性を文書によって明確化したものである。さらに地方自治体とボランティア団体においてもローカルコンパクトを策定することが義務づけられている。コンパクトには政府の責務としてボランティア団体の独立性の確保，長期的透明な資金提供，政策の決定・実施・評価への参加保証，ボランティア団体の責務として資金や運営の透明化・説明義務，サービスの質の向上，利用者への情報開示・参加保証などが求められている。愛知県ではイギリスのコンパクトを参考にして「あいち協働ルールブック 2004」を策定している（図 10-2 参照)。全国各地で行政とボランティア団体との協定書が作成されつつあり，そこには目的・期間・事業内容・責任分担・成果の所属・事

図 10-2　NPOと行政との協働のあり方

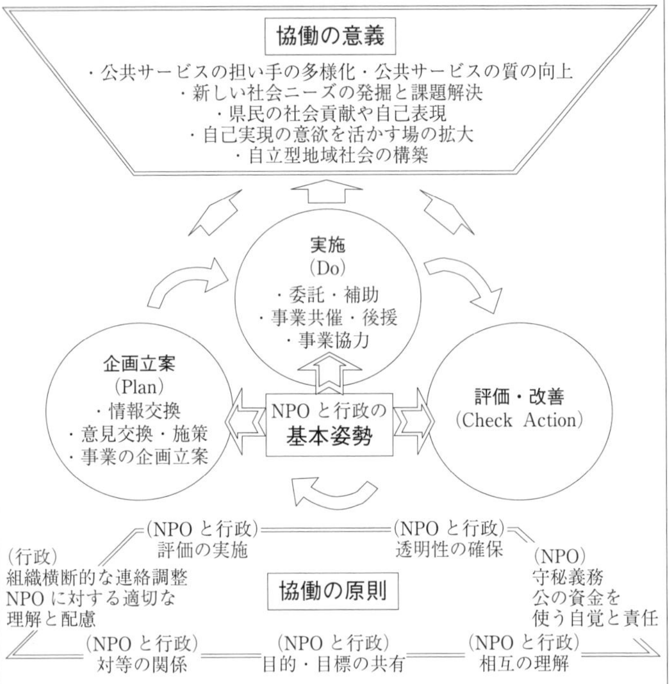

（出所）『あいち協働ルールブック 2004』より。

業分担・費用分担等が明示されている。パートナーシップの関係を文書化，さらに制度化することは重要な課題である。

ボランティアとアドボカシー

福祉サービスの多元化は，福祉サービス量の拡大と競争原理による質の向上を目的としている。たしかにサービス量の拡大は実現しつつあるが，その質をどこまで担保できるかについては大きな疑問が残る。企業福祉は「効率性」に優れていると言われているが，福祉サービス供給の効率性とは必要なニーズに適切なサービスを提供することであり，画一的で量産ができることを前提としたコスト管理はなじまない。さらに福祉サービスは人的資源によって成立し，コストの低下は職員の数や人件費の削減とつながり質の低下を招く。サービスの質の向上のために社会福祉法では第三者評価事業の実施が義務づけられ，国保連合会，運営適正化委員会で苦情解決機関が設置されている。しかし，介護報酬の不正受給の問題やサービスへの苦情は拡大しつつある。

また，「市場には心がない」（都留［2006］）と言われており，公共性と営利企業の行動とはしばしば矛盾することがある。水俣病，薬害エイズの問題や耐震強度偽装事件等からも，営利の追求が人びとの生活や生命を二次的にすることは歴史的にも明らかである。したがって民間であるが，営利を追求するのではなく，社会的公共的に問題解決のためのサービスを提供するボランティア団体の存在は不可欠となる。またボランティア団体は先述のとおりアドボカシー機能をもっており，市民・利用者の立場からサービスの監視をする役割を担っている。

アドボカシーとは，第三者が当事者の権利を代弁することであるが，もっとも大切なのは，権利擁護の過程が当事者の権利を回復するエンパワメントの過程となることである。エンパワメントとは「私の人生は私が主人公である」と思えるようになることであるが，そのように思えるためには自分と他者との関係が重要な意味をもつ。認知症の高齢者，知的障がい者などは自分の意思を明示することが困難であったり，経験がないことから理解することができないなど福祉ニーズは当事者自身が明確に表明することが困難な性格をもち，ニーズを顕在化させるためにも当事者の権利を具体的・日常的に支援する方法としくみが不可欠である。

ボランティア団体は，ボランティア・市民・当事者が主体となってニーズに添った福祉サービスを開発・提供し，利用した評価もそこに直接反映させることができ，アドボカシーとエンパワメントを実体化できる重要な機能・役割をもっている。ボランティア活動は，社会において権利を生み出す最前線の活動であり，その権利を1人ひとりのかけがえのない日々の生活を支援するということによって実体化しつつある。

引用・参考文献

ギデンズ，A.／佐和隆光訳［1999］，『第三の道――効率と公正の新たな同盟』日本経済新聞社。

松村祥子・岩田正美・宮本みち子［1988］，『現代生活論』有斐閣。

野村秀和編［2005］，『高齢社会の医療・福祉経営――非営利事業の可能性』桜井書店。

大沢真知子［2006］，『ワークライフバランス社会へ――個人が主役の働き方』岩波書店。

Pestoff，V. A.［1998］，*Beyond the Market and State : Social Enterprises and Civil Democracy in a Welfare Society*，Ashgate.

渋谷望［2003］，『魂の労働――ネオリベラリズムの権力論』青土社。

ティトマス，R. M.／三友雅夫監訳［1981］，『社会福祉政策』恒星社厚生閣。

塚本一郎ほか編［2004］，『NPOと新しい社会デザイン』同文舘出版。

都留重人［2006］，『市場には心がない――成長なくて改革をこそ』岩波書店。

山口二郎ほか編［2005］，『市民社会民主主義への挑戦――ポスト「第三の道」のヨーロッパ政治』日本経済評論社。

安田陸夫［1998］，『「杉並老後を良くする会」奮戦記――安心して老いられる街を創る人びと』あけび書房。

Column ⑩ 安心して老いられるまちをつくる人びと

1972年に誕生した杉並老後を良くする会の入会の呼びかけは，「私たちは，老人問題の重要性を痛感し，老後をより良いものとするため，手をとりあって進みたいと思います。私たちは，老人の福祉・医療・人間関係などの問題を，地域社会の身近な問題として，とらえて行こうと思います。私たちはたどたどしい歩みではあっても，主体性をもって考え，学び，協力し合って行きたいと思います」という文章でおこなわれた。ここには老人問題を地域の問題としてとらえ，その問題を住民が主体的に考え，解決していきたいという強い思いが表されている。さらに今振り返って驚くことは，杉並老後を良くする会が1973年から「小規模多目的施設づくり運動」に取り組んだことである。「小規模多目的施設」とは「ごく小規模で医療が充実し，できるだけ在宅で生活できるような支援をし，地域の老人の交流，学習，作業の場でもあり，ボランティア活動の拠点ともなる住民の運営による施設」のことである。現在推進されている小規模多機能ケアよりも住民の主体性，さらに地域での多様な生活を支援することを明確にイメージしたものではないだろうか。その先見性は，住民が地域に根づいて，高齢者にとって必要なことを，高齢者に添って援助するなかで必然的に生まれたと思われる。

1994年には日本初の「市民参加型社会福祉法人」を生み出した。社会福祉法人をつくることは「小規模多目的施設」運動当初からの夢であった。住民が本当に望む福祉サービスは，住民が主体的につくりだすことが望ましいのではないかと考え，行政にお任せではなく，行政と住民が対等な立場で協力し責任をともに担っていくことがめざされていた。生活と生命を日常的に支えるという施設福祉の運営を資産ではなく，活動実績による社会的な信頼を基盤に任せられたことの意味は大きい。「市民参加型社会福祉法人」サンフレンズの理念は「できるだけ自由に　どこまでも対等に　他者への思いを生かし合う」である。自分たちが安心して老いることができるまちを自分たちでつくるためには，自分たちで必要不可欠な福祉サービスを生み出し，担っていくことも重要な課題である。

第11章 福祉ボランティアがつくる地域の自治

福祉ボランティアとコミュニティ再生

ケアタウンたかのすのリビングルームの風景

地域は生活の共同の場である。とはいえ今日そのことを生活のなかで実感することは困難である。しかし，他の人びとともに地域で人生の最期まで暮らしたいと考え，それを実現したいと行動を始めた人たちがいる。1999 年に秋田県の鷹巣町（現北秋田市）では，全国に先駆けて，住民によって全室個室・ユニットケアの高齢者施設であるケアタウンたかのすが誕生した。その玄関には「このまちでは，住民が年齢の違いや障害，病気の有無に関わらず，すべて参加できるような普遍的な環境と体制をつくらなければならない」というケアタウン憲章が掲げられている。この憲章が今危機に瀕し，全国一の福祉のまちが崩壊しつつある。鷹巣の事例は，福祉と地域づくりのあり方について私たちに問いかける。それは共同の生活の場は誰のために誰がつくっていくのか，という問いである。

1 新たなリスクとソーシャル・ガバナンス

今日の新たなリスク

地域は，1人ひとりにとってかけがえのない生活の場である。そしてその地域は1人で暮らす場ではなく，共同でいろいろな人が暮らす，誰にとってもかけがえのない場となっている。しかし，今日の社会では地域における生活の共同性は見えにくくなっており，地域をかけがえのない場として意識し，その意識に基づいて共同に向けた行動をすることは難しい。だが，私たちの生活の営みは，広い意味での共同なくしては成り立たない。

私たちの社会は，地域共同体の解体という現実に対して，福祉国家というしくみとして新たな共同を実現しようとしてきた。「ゆりかごから墓場まで」という言葉に象徴される理想としての福祉国家は，生涯をとおして，誰もが当面する可能性のある病気，失業などのリスクに対しては社会保険によって，さらに経済的により困難な場合は租税（公的扶助）によって対応するシステムをつくりだしてきた。その福祉国家にあってさえも，強力な家族と良好に機能する労働市場に依存することで，人びとに最大限の福祉を提供しようとしてきたことに注意をしなければならない。

さらにオイルショックを経て経済成長がその低成長時代に転じるにしたがって，福祉国家に限界のあることが明らかになってきた。そのため多くの先進諸国において政府による介入を小さくし，規制を緩和して政府が担っていた役割を市場に委ねるという，新自由主義の立場に立つ政策がとられるようになってきたのである。

具体的には「官」から「民」へ，民間企業による公的サービスへの参入がおこなわれてきた。

また，産業構造も鉄鋼，自動車，造船，電力などの重厚長大型産業からコンピュータを中心とした小型・精密化した製品を生み出す軽薄短小産業へと転換し，生活の基盤となる労働のあり方も変化してきた。そして労働市場が求める人材とのミスマッチが生じた。さらにバブルの崩壊などによるリストラ，他方での団塊ジュニアや女性の社会進出などを背景とした労働力の過剰による失業の増加など労働環境も大きく変化してきた。

このような状況のなかで私たちは，ニートやフリーターという言葉に象徴される若者の自立困難や少子化の背景にある子育て不安，高齢化によって増加しつつある要介護の問題，さらにホームレスや外国籍の人びとの問題など新たな課題に直面したのである。それらは私たちの社会の新たなリスクとして認識されている。なぜなら，それらは従来の福祉サービスのあり方では解決しがたい複雑で深刻なリスクであり，私たちの日々の生活を脅かし続けているからである。私たちが当面するリスクは，家族と労働市場が大きく変動しつつあるなかでの深刻な状況において生じている新たなリスクなのである。ここに地域のあり方を問い直し，コミュニティとして再生させることが課題となる要因がある。

ソーシャル・ガバナンスとボランティア

コミュニティ再生において福祉ニーズへの対応は重要な課題であり，かつ再生の鍵にもなる。先に述べたような多様で，個別性のある深刻な課題に対応するには多様なサービス供給主体の存在が不可欠となる。したがって今日，行政組織，企業組織，非営利組織などによる多元的な構造をもつ**ソーシャル・ガバナン**

スが形成されつつある。神野直彦はソーシャル・ガバナンスについて「社会システムが新しい開かれた共同体として，自発的に再組織化されることといってよい。それは国民が広く参加する国民運動として，ボランタリー・セクターが活性化することを基盤としている」（神野・澤井編［2004］）という。

ソーシャル・ガバナンスをボランタリー・セクターが基盤となって創造できるかどうかは，私たちの社会における市民民主主義がどこまで力をもてるかにかかっている。その力が不十分で私たちが市場主導のガバナンスを形成する場合には，競争主義のなかで，リスクはさらに深刻化し，格差が拡大することにつながり，地域はすべての人たちの人権を尊重する場にはなりえないという可能性も否定できない。地域にもっとも必要な条件は，そこで生活する1人ひとりの人権を守ることである。そしてその人権は，1人ひとりの「健康で文化的な最低限度の生活を保障する」と憲法第25条に掲げられている生活権が保障されてこそ実体となるものである。

介護，保育などの福祉サービスとして提供されているものは，もともとは家族や地域を基盤としながら人びとの相互扶助として提供されてきたものである。私たちの自立を支えるためには，相互に支援する関係をコミュニティとして自発的に再構築し，その関係を創造するための市民民主主義を強化していくことが求められる。そしてその役割を先駆的に担うのがボランティアである。福祉ボランティアは，人びとの生活を問い直しながらその生を地域で支えるための社会を形成する主体としての役割とともに，民主主義を発展させる役割をも担う。さらにそれを強化するために必要なサービスを生み出したり，運営したりすることが求められる。

私たちは，個人として自分の生活は自分の責任のもとに自分の選択によって営んでいくことを願っている。そしてそれはどんなに深刻なリスクに当面したとしても可能な限り貫きたいと考えている。つまりリスクを誰かに代わりに負ってもらうのではなく，困難であっても自分の意思で判断し，解決したいのである。しかし，自立するためには自立を支援するシステムが必要となる。そこでは誰もがリスクに当面しても自立できるような福祉政策を誰が，どのようにつくるのかが重要なテーマとなる。地域で発生する多様化・複雑化した個別のニーズを解決するためには，私たちの生活の場である地域に居住する市民が，ニーズに添った社会サービスを形成する主体として，意見を表明し，参加し，その意見が社会システムに反映される民主主義を発展させる必要がある。

その民主主義を発展させるために今求められているのは，市民社会次元における民主主義であるという。市民社会次元における民主主義とは，議会制民主主義を補完しつつ，とくに公共サービスの供給体制について市民社会に多様な参加と影響力行使の回路を張りめぐらせていくことを示している（山口・小川［2005］）。具体的には，介護保険事業計画や地域福祉計画の策定への市民・利用者参加や，介護保険サービス，福祉サービスなどをボランティア組織・NPO が供給することなどである。

2 わが国の地方分権と地域福祉計画

わが国の地方分権と市町村合併

『住民が選択したまちの福祉』『問題はこれからです』『あの鷹巣町のその後』という3本の映画がある。これは羽田澄子監督が秋田県の鷹巣町の住民に焦点をあてて撮影したドキュメント映画である。これらの映画の主人公は住民であり，そのなかでも**ワーキング・グループ**という住民のボランティア組織が，自分たちのまちを誰もが最期まで安心して暮らせるまちにしたいという願いを胸に一歩一歩，苦労しながらも歩き続けている記録である。

1991年，公募で集まった60人の住民たちによってワーキング・グループが結成された。このワーキング・グループは，デンマークの住民参加の手法を学びながら，「住民が抱える問題を掘り起こし，その解決策を探るために，グループ自ら行動する」組織として活動を始めた。そしてまちの福祉課題を，①すぐにできること，②少し工夫すればできること，③長期計画や予算が必要なもの，の3つに分けて提案し，行政と住民との協働によってその解決をはかっていった。そのプロセスのなかで鷹巣町の福祉水準は，世界で一番幸せな国といわれるデンマークの水準にあと一歩というところまで到達していた。北欧とは政治システムも文化も人口規模も異なっている日本では不可能とあきらめていた私たちに，住民の願いはどんな国であっても同じであり，1人の人権を守るということを住民が意見を出しあい，協力しあえば必ず実現できることを示してくれたのである。住民・利用者参加によって24時間のホームヘルプサービス，個室・ユニットケアの高齢者施設，高齢者安心条例の制定などを全国に先駆けて展開してきた。つまり市民民主主義の力は住民の願いを現実に変えることができるということを証明したといえる。

しかし，その鷹巣町の福祉が，平成の大合併の大きな流れに飲み込まれ，つぶされつつある。住民参加によって生み出されたサービスは次々と縮小され，町の中心につくられたグループホームは，新町長のもとの議会で少数の問題だからと廃止されてしまったのである。平成の大合併は2000年に施行された「地方分権一括法」に基づいておこなわれた。地方分権には，行財政改革を市場原理のもとに民営化・規制緩和し，「小さな政府」をめざすという主張と，民主主義の基盤としての住民自治に根ざした地方分権を実現したいという主張の2つの側面がある。後者の住民自治に根ざした地方分権を実体化するためには，その自治の単位が小さいことが重要な要件となる。鶴見和子は「『小さい』ことが大切なのは，住民自身が，その生活と発展の形を自ら決定することを可能にするためである。単位が小さいことが，自治の条件だからである」（鶴見［1996］，24頁）という。鶴見は近代化論のもとに発展した高度工業国が高度消費生活様式を維持しようとすると，戦争を起こすよりほかなくなるかもしれないという危惧とともに内発的発展論を展開している。自分たちの生活とまちの展望をもつためには鷹巣町のワーキング・グループの取り組みから今こそ学ぶ必要がある。私たちのまちは，住民同士の顔が見え，意見を交わし，ともに活動をすることによって誰もが安心できる福祉のまちへと変革できるのである。

図 11-1 鷹巣の住民参加のまちづくりの実績

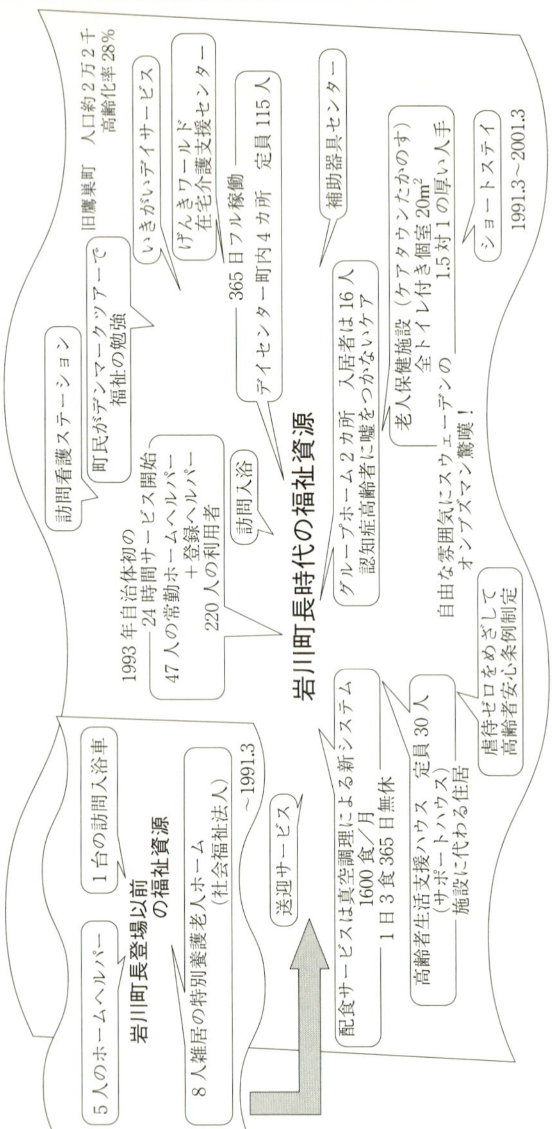
5人のホームヘルパー
1台の訪問入浴車
岩川町長登場以前の福祉資源
8人雑居の特別養護老人ホーム（社会福祉法人）
～1991.3
送迎サービス
訪問看護ステーション
町民がデンマークツアーで福祉の勉強
いきがいデイサービス
旧鷹巣町 人口約2万2千 高齢化率28%
げんきワールド 在宅介護支援センター
1993年自治体初の24時間サービス開始
47人の常勤ホームヘルパー＋登録ヘルパー
220人の利用者
訪問入浴
365日フル稼働
デイセンター町内4カ所 定員115人
補助器具センター
岩川町長時代の福祉資源
配食サービスは真空調理による新システム
1600食/月
1日3食365日無休
グループホーム2カ所 入居者は16人
認知症高齢者に嘘をつかないケア
老人保健施設（ケアタウンたかのす）
全トイレ付き個室20m^2
1.5対1の厚い人手
ショートステイ
1991.3～2001.3
自由な雰囲気にスウェーデンのオンブズマン驚嘆！
高齢者生活支援ハウス 定員30人
（サポートハウス）
施設に代わる住居
虐待ゼロをめざして
高齢者安心条例制定

（出所） 鷹巣福祉塾ホームページ。

住民参加と福祉のまちづくり

鷹巣町の住民，ボランティアは，図11-1のような全国一の福祉水準のまちづくりを推進してきた。その原動力は，先述の鷹巣の岩川徹町長（当時）のもとで組織された，ワーキング・グループという行政と対等な関係に位置づけられた住民組織にある。地方自治法第1条には，「地方公共団体は，住民の福祉の増進を図ることを基本として，地域における行政を自主的かつ総合的に実施する役割を広く担うものとする」と市町村の役割を規定している。市町村行政は住民の福祉を担うと位置づけられているが，その役割を担うためには住民のニーズを明らかにし，住民自身が自立できるような支援をすることが求められる。そこに住民自身によるワーキング・グループの存在意義がある。そしてそのワーキング・グループが独立し，主体的に活動できる条件を整備することが行政のもっとも重要な役割となる。

さらに鷹巣町には，2002年に全国で初めてつくられた「高齢者安心条例」があった。この条例の第1条には，「介護保険制度のもと保険者たる鷹巣町は，高齢者の尊厳を守ることを最大の価値と考える。その証しとして，人権擁護の防波堤をここに築き，地方自治体に課せられた高齢者福祉行政の責務を全うするための礎石とする」とその目的が示されている。ここには行政が，住民のなかでももっとも困難な状況にある人たち，つまり少数派に位置づけられる人たちをしっかり支え，守るという明確な意思が表明されている。しかし2003年の統一地方選挙において，合併特例債による高度医療施設の建設や超・大型店の誘致を公約にした新町長が当選し，その後合併した北秋田市の議会で，この条例は廃止されてしまった。この事実は住民の願いや少数の声を代表するワーキング・グループというボランティア組織は，それを対等な組織と認識し，受け止める市町村行政がなくてはソーシャル・ガバナンスには組み込まれないということを示している。

地域福祉計画とボランティア

住民参加の福祉のまちづくりを制度化したのは2000年に改正された社会福祉法である。この社会福祉法第107条で地方自治体が**地域福祉計画**を策定することが明示された。地域福祉計画は，老人保健福祉計画，障害者計画，児童育成支援計画を総合化する計画であり，さらに社会福祉協議会等による地域福祉活動計画と関連づけた計画策定がめざされている。またこの地域福祉計画は市民参加のもとに策定されることが求められ，市民が計画策定に参加し意見を計画に反映できるシステムの確保，潜在化しがちな福祉サービス利用者や当事者の意見を把握することが必要とされている。

また地域福祉計画では福祉区と言われる小学校圏域の福祉計画を策定することも求められている。従来の行政の都市計画等に見られた公共の建築物や道路などのハードの計画ではなく，住民の日常生活圏域においてニーズに対応して必要なサービスが整備されているのか，さらに近隣の見守りネットワークや助けあい活動などのソフトの面が充足しているのかを明らかにし，それらを計画的に整備，推進することを目的とした計画である。全国各地で地域福祉計画の策定委員の公募や計画の提案をする市民グループの組織化，さらに自治会・町内会等小地域単位の懇談会などが多様に展開された。

千葉県内の地域福祉計画を支援するための千葉県地域福祉支援計画は，「健康福祉千葉方式」という活発な住民・当事者参加によってつくられた。その計画の副題は「人の福祉力（ちから），地域の福祉力（ちから）」となっている。このテーマは，人と地域のもっている本質的な力，つながりを生かしていくこと，具体的には県行政も住民，ボランティア，そして企業などの民間も，みんなが力を出しあっていくということを表している。9回にわたって開催されたタウンミーティングには6000人もの県民が集まったという。さらに政策提言の作業部会には知的障がい，肢体不自由，視覚障がい，聴覚障がいなどの当事者や福祉現場の職員などがボランティアで参加して，県民と行政との協働によって多様な政策が提案された。

その議論のプロセスから「障害のある人もない人も共に暮らしやすい千葉県づくり条例」が2006年10月に全国で初めて制定された。この条例は計画策定のプロセスのなかで障がい者の差別をなくしたいという強い思いのなかから生まれた。条例の制定にいたるまでの厳しい道のりのなかで，その活動の中心にいた野沢和弘は視覚障がいをもつ人の発言から「『障害』の問題の本質は，何かができるか，できないかということではない。どういう特性を持った人が多数で，どういう特性を持った人が少数なのか，そして多数の人は少数の人のことをわかっているのか，いないのか。障害者差別の本質は，そういうことに尽きるのではないか」（野沢［2007］，49頁）と述べている。

地域福祉計画など政策への住民・利用者参加によって少数側の意見を尊重した福祉のまちづくりが確実に形になりつつある。ボランティアとは，社会において権利を生み出す最前線の活動であると言われているように，福祉ボランティアは少数の側の権利を守る砦を支え，つくっている。

3 デンマークの地方分権と市民参加

デンマークの地方分権と高齢者住民委員会

地方分権は，20世紀を支配した中央集権制に反対し，「市場の失敗」と「政府の失敗」の双方を乗り越える新しいシステムとして，民主主義の基礎としての現代的地方自治（分権型福祉社会）の進展を求める流れである（宮本［2000］）。その流れを具体的に推進するのは，住民参加，自治体行政の優先権（行政権や財政権）を求めるということである。

北欧の福祉国家の1つであるデンマークは，スウェーデンとともに1980年代以降わが国の高齢者福祉モデルとして位置づけられてきた。デンマークのケアの原則は，①継続性の原則，②自己決定の原則，③自己資源活用の原則というものであり，公的責任のもとに誰もが安心できる在宅での生活を保障されるというものであった。このケアの3原則を実体化するためには高齢者や障がいをもつ人びとが安心できるために十分な福祉サービスが必要不可欠であり，適切なサービスを整備するためには当事者の意思を把握することが前提となる。したがって地方自治体がサービス整備に関する権限をもち，福祉政策を推進するという分権が推進されてきた。

デンマークでは，1970年の地方自治体改革で，3000人から5000人規模の約1500の地方自治体を平均2万人規模の275市に統廃合した。その際教育，保育，介護などのサービスは地方自治体の責務となり，それに伴い地方税収の拡充等がはかられた。76

年に施行された生活支援法では，「地方自治体にはハンディを負った人びとの生活を支援する義務がある」と明記された。そのことにより，地方自治体が高齢化によって増大する福祉ニーズへの責任を果たすために決定過程における市民参加が必要となった。またデンマークでは歴史的にセルフヘルプグループの役割が大きく，保育や教育でも保護者が運営組織（理事会）のメンバーになるという当事者参加の実績もあった。公共サービスへの利用者参加は先駆的な自治体では1970年代後半から保育，教育，高齢者分野で実施され，その実績のもと90年代にはすべての自治体で利用者・住民参加が制度化された。委員会の権限は地方自治体への助言だけでなく，保育・教育の分野では自ら管理・執行にまで拡大しているという。

高齢者の領域では1997年，すべてのコムーネ（市）で**高齢者住民委員会**の設置が義務化され，ホームヘルプに関する苦情委員会も法制化された。高齢者住民委員会の特徴は，直接選挙によって委員が決められるという点である。60歳以上のすべての住民が選挙権をもっており，4年に1度の投票によって，最低5人以上の委員を決定するしくみになっている（写真参照）。市は高齢者福祉政策や計画を決める場合，必ず高齢者住民委員会に諮問しなければならないとされている。高齢者住民委員会は，市の制度が自分たち高齢者にとって適切なものであるのか，どのように機能させていくのかを監視する役割を担っている。委員会は無償のボランティア活動であるが，ボランティア活動を地方自治体が援助することが制度化されており，委員会活動にかかわる経費についてはコムーネから運営費が助成されている。

高齢者住民委員の投票をする住民

デンマークの高齢者委員のボランティア活動

デンマーク第2の都市であるオーフス市の高齢者住民委員会の委員は現在15名（2006年）であるが，今回の選挙では23名が立候補したという。さらにオーフス市の各ローカルセンターにも高齢者住民委員会が設置されている。高齢者住民委員会は9人の委員によって構成され，任期は2年間である。選挙には高齢者住民委員会の活動について関心のある人が立候補し，投票はローカルセンターでおこなうほか，郵送によっての投票も認められている。選出された9人のなかから委員長を選び，他のローカルセンターとも連携をとり，その代表者の会議も開催されている。

ローカルセンターは，福祉地区といわれる人口約6000人から1万人規模のエリアに1カ所設置され，ホームヘルプサービス，デイサービス等在宅サービスの拠点となっている。そして高齢者住宅（ケア付住宅含む）も併設されており，地域住民の生活を総合的に支える体制が整備されている。

高齢者住民委員会は，ローカルセンターの予算の使い方にかか

ローカルセンター内のケア付住宅

わる意見を言うことができ，職員の採用には同席し，どういう人を雇うのかということにかかわることができる。またローカルセンターでおこなわれる映画，ビンゴ，講演会などの高齢者のアクティビティを企画し，運営にかかわったり，売店や食堂でのボランティア活動もおこなっている。さらにホームヘルプサービスや食堂の食事などへの苦情に関してもすぐに対応している。このような高齢者の活動は当事者が自分たちのサービスへの意見を表明し，よりよいサービスの提供を促し，さらに高齢者同士の支援関係も形成している。高齢者住民委員は「スタッフの目の届かないところを見ることができ，自分が住んでいるまちなので地域の人びとのことも理解できる。この活動はとても重要である」と言う。このようなボランティア活動が，もっとも弱い立場の人と「寝たきり老人のいない国」といわれるデンマークを支えている。

4 内発的まちづくりとコミュニティ再生

内発的福祉のまちづくり

デンマークは，総人口約540万人の小国ではあるが，2005年に世界幸福度調査で「世界一幸福な国民」と発表された。また，デンマークは1980年代から出生率が上昇し，少子化を乗り越えた国としても評価されている。一方わが国は2005年に総人口が減少に転じ，少子化傾向の改善は困難な状況にある。そのうえ地域格差が拡大し，疲弊する一方の地域の存在，地方都市の「シャッター通り」の問題も顕在化し，地域の存続自体が危機に瀕している。

戦後高度経済成長を支えた公共事業は，重化学工業のコンビナート，テクノポリス，リゾート基地などの開発によって推進されたが，それらの地域外の企業を誘致するという外来型の開発は，地元地域の経済発展には結びつかず，環境破壊も進み，その多くは失敗した（宮本［2000］）と評価されている。しかし，その一方新産業都市のコンビナートの背景地で日本一の過疎地域となった湯布院町や大山町は，外来型の開発から内発的発展をめざし，現在では地元の文化と自然を生かした観光，さらに農産物の加工によって地域が発展し，その成果は「一村一品」運動として他の地域，さらに国際的にも内発的発展の方法として広がりつつある。

先述の鷹巣町では，図11-1のとおりホームヘルパーが5人から47人（常勤）に増え，ケアタウンたかのすの職員が200人，その他グループホームや地域福祉センター等にも常勤職員が採用されている。つまり多くの住民の雇用を福祉サービスによって確保するしくみをつくってきた。「北欧の福祉国家は，手厚い福祉政策で就労を支援し労働市場を活性化していくことで成り立っていた」（宮本［2005］）と評価されているように，福祉政策は新しい労働市場を生み出すという側面もある。

また，都留重人は，オーストラリアの歴史家ガバン・マコーマックの「日本ほど社会生活が経済至上主義に奉仕するように構築されている国，あるいは市民が消費に追いまくられている国はないだろう。そして，日本ほど豊かさのむなしさが深く感じられる国もない」という言葉を紹介し，自然との共生の必要性とともに人間の労働に対する賃金収入は「必要に応じて与えられる」という原則を議論すべきではないかという。つまり私たちは地域で他の人びとともに生活する存在であり，その生活は，必要に応じてサービスが利用できるものとする。さらにその生活を支える労働に対する報酬は，生活できる水準にする。そしてその労働は「人間化」し，経済成長はゼロの状態で満足すべきではないか（都留［2006］）というものである。私たちには，環境にも配慮した持続可能な社会をめざし，豊かさがその生活に反映されるような地域づくりを，地域のなかで他の人びとともにおこなっていくことが求められているのではないか。その際，人が人を支えるという「人間化」した労働を地域に創造していくことも，内発的な福祉のまちづくりとして大きな可能性をもっているといえよう。

住民自治制度とコミュニティ再生

市町村合併によって，自治体の規模は大きくなり，そのことは住民による内発的なまちづくりを困難にしつつある。その問題の1つの解決方法として，上越市は2005年に13の旧町村と合併し21万都市となった際，都市内分権を推進するために新しい「**住民自治制度**」を導入した。この制度によって旧町村の区域に地域自治区を設置し，そこに「準公選制」による無報酬の委員によって運営される地域協議会と地域自治区の事務所を設置した。2007年には「自治基本条例」策定市民会議を公募市民43人，市職員29人によって立ち上げている。旧町村単位の住民自治と政策への市民参画によって新しい内発的なまちづくりに挑戦しつつある。

新潟県にある安塚区（旧安塚町）は上越市の地域自治区の1つである。安塚区は，純農村の山間豪雪地であり，人口流出が続き現在の人口は約3600人となっている。しかし重荷であった雪を生かして1986年から「雪の宅配便」を始め，空き家を「田舎売ります」などとしたユニークなまちおこし運動を展開している。さらに1989年には「雪国文化村構想計画」を策定し，住民参加による花いっぱい運動，景観条例の制定，雪冷房の導入などの多様なまちづくり活動が展開されている。その活動を中心的に担っているのが「NPO雪のふるさと安塚」である。

「NPO雪のふるさと安塚」は，市町村合併の動向のなかで，旧安塚町の個性あるまちづくりを継続したいという住民の思いを形にする方法として，住民が組織化し，2004年にNPO法人として誕生した。その目的は，お互いに支えあい，自然を守りながら安塚らしい地域の活性化に寄与することとされ，①支えあい安心して暮らせる環境づくり部会，②自然と食を生かした産業を育てる部会，③豊かな心を育む部会，④観光・交流部会，⑤情報発信部会で構成され，有償ボランティア活動として移動，草取り，家事援助，除雪活動などがおこなわれている。メンバーの1人は「47

年間働き続け，今は年金生活となり生活を支えてもらっている。そのお返しを地域にしていきたい」と楽しみながらボランティア活動を積極的におこなっている。安塚区では，高齢者の助けあいや地産地消の取り組み，さらに都会の子どもたちとの交流，スローライフの体験など地域のなかの助けあいと都市との交流によって開かれたまちづくりが展開し，活気あるあたたかい地域が再生されつつある。

地域における人びとの生活が豊かになってはじめて地域が再生したといえる。つまり人びとが豊かに生活できる場の実現こそが，「真の再生」なのである（本間［2007］）。そしてその豊かに生活できる場の創造を担うのが地域に根ざした福祉ボランティアの役割となる。

引用・参考文献

朝野憲司ほか［2005］,『デンマークのユーザー・デモクラシー――福祉・環境・まちづくりからみる地方分権社会』新評論。

エスピン＝アンデルセン，G.／渡辺雅男・渡辺景子訳［2001］,『福祉国家の可能性――改革の戦略と理論的基礎』桜井書店。

本間義人［2007］,『地域再生の条件』岩波書店。

神野直彦・澤井安勇編［2004］,『ソーシャルガバナンス――新しい分権・市民社会の構図』東洋経済新報社。

上越市ホームページ　http://www.city.joetsu.niigata.jp/

Ministry of Social Affairs. Denmark［2001］, *The Voluntary Social Sector in Denmark.*

宮本憲一［2000］,『日本社会の可能性――維持可能な社会へ』岩波書店。

宮本太郎［2005］,「『第三の道』以後の福祉政治」山口二郎・宮本太郎・小川有美編『市民社会民主主義への挑戦――ポスト「第三の道」のヨーロッパ政治』日本経済評論社。

野沢和弘［2007］,『条例のある街――障害のある人もない人も暮らしやすい時代に』ぶどう社。
大熊一夫・岩川徹・飯田勤編［2006］,『こんなまちなら老後は安心！——セーフティネットを鷹巣から北秋田へそして全国へ』全国コミュニティライフサポートセンター。
都留重人［2006］,『市場には心がない——成長なくて改革をこそ』岩波書店。
鶴見和子［1996］,『内発的発展論の展開』筑摩書房。
山口二郎・小川有美［2005］,「市民社会民主主義は可能か」山口・宮本・小川編『市民社会民主主義への挑戦』(前掲書)。

Column ⑪ 寄り合いと地域自治区

宮本常一は『忘れられた日本人』という本のなかで，日本の自治制度の源流と思われる「寄り合い」について「今日の自治制度と大差のないものがすでに近世には各村に見られたようであり」，「そのなかでは物のとりきめにあたって決定権は持っていなかったが，寄り合いでのはなしあいには，お互いの間にこまかな配慮があり，物を議決するというよりは一種の知識の交換がなされたようであり，個々の言い分は百姓代や畔頭たちによって統一せられて成文化せられたのである」と寄り合いという自治のしくみの存在とそこでの議論の内容・権限を紹介している。寄り合いは，農林漁業の維持にも直接かかわる存在であったことから利害が対立し，意見が分かれることも多くあったと思われる。そんななかでのエピソードとして宮本は，1人の老人の「人間1人1人をとって見れば，正しいことばかりはしておらん。人間三代の間には必ず悪い事をしているものです。お互いにゆずりあうところがなくてはならぬ」という言葉を農地解放問題で行き詰まった場合などに紹介すると解決の目途がついたという。

宮本が生まれた周防大島にある高齢化率日本一のまちを，佐野眞一は「大往生の島」としてルポルタージュしている。かつて「滅び行く島」と紹介され，超過疎化と超高齢化の波に洗われながらも明るく開放的な島の人びとの知恵を佐野は「そうした老人をつくってきたこの島と風土からこそ学ぶべきであろう」と言う。つまり「大往生」は1人ではなく，地域の相互扶助の積み重ねによって実現するということであろう。

その相互扶助のしくみを現代的に再構築しようとしているのが上越市の地域自治区の制度である。地域自治区は都市内分権の制度として，合併によって市域が広がり，住民の意見が施策に反映されにくくなるという懸念や不安を解消し，住民が地域の課題に主体的に取り組み，解決することのできる新しい自治のしくみである。

＊宮本常一［1984］,『忘れられた日本人』岩波文庫。
＊佐野眞一［2006］,『大往生の島』文春文庫。

第12章 福祉ボランティアが社会で起業する？

社会的企業と福祉ボランティア

社会的企業による住宅建設

現在，日本の多くのボランティアは財政基盤が弱いために，ミッションに基づく活動を継続することが困難な状態に置かれている。かれらはNPO（非営利組織）へと展開して行政からの委託事業を引き受けたり，有償事業に取り組むなどの努力を重ねている。ボランティアが財政的に自立し，継続的に活動展開するためにはどうすればよいのであろうか？　その1つの可能性として注目するのが，ヨーロッパで広がりを見せている社会的企業（social enterprise）という組織形態である。社会的企業とは，明確な社会的目的と旺盛な企業家精神をあわせもつ活動組織で，独自の財源確保のしくみを確立している。この章では，コミュニティ再生やまちづくりに取り組む社会的企業の活動とその可能性を，イギリスの事例から具体的に考えてみよう。

1 ボランタリー活動を継続させるためには

急速な高齢社会の到来やグローバル化の進展により，失業や社会的孤立，社会的不平等など，いわゆる**社会的排除**（social exclusion）と呼ばれる社会問題が深刻化している。これは貧困・窮乏・所得の不平等などの経済問題だけでなく，社会的疎外，犯罪や暴力など人間関係からの排除を含む新しい貧困問題だといわれる（バラ＆ラペール［2005］，41-42頁）。こうした問題に対して，国家でもなく市場でもなく，市民を主体としたボランティアやNPO（非営利組織）／NGO（非政府組織）などの市民活動が注目されている。かれらが地域問題の解決に継続的に取り組むためには，安定した組織基盤とそれを支える収入源が必要となる。そのため非営利事業を取り入れたり，行政からの委託事業を受けている。しかしその過程でNPO本体のミッション（社会的使命）との乖離や行政からの下請け圧力など，多くの困難な問題に直面している。

市民の自発的活動を地域社会で継続させるためには，制度変革・新たな価値の提起をめざすボランタリーな運動性と，活動の持続性を担保する事業性を両立させていくことが重要となる。その方向性の1つとして，この章ではヨーロッパを中心に広がりを見せている，**社会的企業**（social enterprise）と呼ばれる非営利事業体に注目したい。社会的企業とは，明確な社会的使命と旺盛な企業家精神を混在させた市民事業体である。近年，日本でもその存在が非常に注目されている（塚本［2003］，中川［2005］，谷本編［2006］）。

とりわけイギリスでは，1990年以降，近隣コミュニティに焦点を当てた都市政策が展開され，政府セクターや市場セクターだけでなくボランタリー・セクターとのパートナーシップ（協働）に基づく草の根レベルの都市再生が制度・非制度レベルで推進されている。一般的にパートナーシップとは，相互の特性を尊重した対等な関係に基づいて共同活動をおこない，共通目的を達成させるための活動として理解されている。その担い手として大きな期待が寄せられているのが社会的企業だといえる（西山［2006］）。

社会的企業というのは，①利潤を生み出しながら市場に対してモノやサービスを提供するという事業志向があり，②地域住民や行政などの利害関係者（ステークホルダー）やボランタリー団体の参加に基づく社会的所有の形態をとり，③雇用創出や社会サービス供給などの社会的目的をもち，④社会的目的と経済的目的のバランスをとりながら地域問題の解決に取り組む開発志向であり，⑤市場における持続可能な事業展開という市場志向をもつ（ボルザガ＆ドゥフルニ［2004］）。イギリスにおける社会的企業の広がりは，社会的排除という深刻な問題に取り組む中央政府の**パートナーシップ戦略**と密接に関連しているといえる。

2 福祉国家の再編とボランタリー・セクターの変容

都市の危機から発生したインナーシティ問題

イギリスにおけるボランティアの源流は，戦前の社会福祉を担った民間活動とセツルメント運動に遡ることができる

(Kendall & Knapp [1996])。戦後，福祉国家の成立という「大きな政府」のもとでボランタリー・セクターの役割は縮小し，民間独自の領域に活動が限定されていった。しかし1960年代末から都心部での人口減少，失業や住宅の老朽化，移民問題など，福祉国家の限界がさまざまな「インナーシティ問題」として現れた。そして行政や市場が対象としない雇用や福祉サービスなどの領域でボランタリー・セクターの役割が急速に拡大するようになる。深刻化するインナーシティ問題に対して，当時のウィルソン労働党内閣は「都市プログラム」(Urban Programme) を開始し，中央政府と地方自治体とのパートナーシップに基づき，上からの政策によって問題解決をめざそうとした。

その一方，中央政府の役割を縮小させる「小さな政府」が議論され，ボランタリー・セクターは雇用やコミュニティ事業，住宅政策における重要な公共サービス供給主体として位置づけられていった。それを政策レベルで示した1967年の「ウェルフェンデン (Welfenden) 報告」では，政府セクターがサービスの中心を担う福祉国家体制から，多様なセクターが多元的にサービス供給を担う「福祉多元主義」(welfare mix) への転換が示された (ジョンソン [1993])。とりわけ福祉やコミュニティ・ケアの領域では，フルタイムのスタッフや計画策定に参加するボランタリー組織の増加など，公的サービスの隙間を埋める補完的なボランタリー組織が拡大したといえる。

契約文化の成立

その後，1979年にサッチャー保守党政権が成立すると，こうしたボランタリー・セクターの補完的位置が定着するようになる。保守党政権では，公共部門の経済性や効率性を重視し，民間活力の導入が急速に進められていった。都市再生の領域でも効率性を重視した「官民パートナーシップ」（Public-Private-Partnership）が統治の軸に据えられ，企業経営的手法を取り入れた都市再開発が民間企業主導で推し進められていった。その代表がテムズ川河畔で世界屈指の湾岸開発として有名な「ドッグランズ開発」などである。

またサッチャーは，労働党自治体との対立から，自治体の財政権限を奪い，強い中央集権化をめざした。これまで自治体が担ってきた住宅や医療，職業訓練，経済開発などの公共サービス供給を民間部門に移し，コミュニティ・ケアや社会サービスの領域ではボランタリー組織への財政支援を強化するようになる。その結果，この時期にボランタリー・セクターへの補助金は倍増し，これに応じてボランタリー組織の数も急増した。とりわけコミュニティ・ケアの領域では，規模を拡大させ，官僚制や専門的機能を備えた「ボランタリー・エージェンシー」（voluntary agency）と呼ばれる組織が公的サービス供給を代替し，政府の協力者として大きな役割を果たした。そして 1990 年の「国民保健サービスおよびコミュニティ・ケア法」で地方自治体の役割は，公共サービスの「提供者」（provider）から，民間団体が競争できるための環境整備や監視役割を担う「権限付与・調整者」（enabler）へと転換し，サービス供給の契約に基づく「契約文化」（contract culture）と呼ばれる関係が確立された。この段階で，ボランタリー組織は他団体や企業，自治体と政府資金をめぐる競争状態のなかに置かれ，サービス供給の提供者として社会のなかに位置づけられていった。

都市再生政策の転換と社会的企業の広がり

イギリスで，都市再生を担うボランタリー・セクターの位置づけが大きく変化したのは，1990年代初頭からの都市政策によってである。それ以前のサッチャー保守党政権下でのトップダウン式都市再開発は，もともと住んでいた地域住民を排除するなどの問題をもたらし，多くの住民運動を引き起こした。そのため中央政府は90年代初頭頃から，自らの指導力を保ちながらも，それまで排除されていた地方自治体や地域組織の参加を重視するパートナーシップの構築へと大きく政策転換するようになる（白石［2005］）。

そして1991年には，自治体が民間企業やボランタリー組織とパートナーシップを形成し，競争入札と契約によって資金獲得する「シティ・チャレンジ」（City Challenge），94年に5つの省（環境省，内務省，教育省，貿易産業省，雇用省）の20のプロジェクトを統合し柔軟な資金提供を可能にした「包括的都市再生予算」（Single Regeneration Budget）など，中央政府から大規模な都市再生資金が衰退地域に導入されていった。これは多様な主体がパートナーシップを取り結びながら競争的に資金獲得する方法だといえる。

このとき，大規模な政府資金の事業が完了した後，誰がどのように荒廃地域再生や雇用創出などの事業を受け継ぎ継続するか，ということが大きな課題となった。そこで政府資金の受け皿として注目されたのが，草の根レベルで地域問題の解決に取り組んできたボランタリー組織であった。コミュニティ・ケアや福祉とは逆に，コミュニティ開発や都市開発の領域で活動する多くのボランタリー組織は，サッチャー政権時の財政削減で厳しい財政難に追い込まれた。しかし1990年代以降のパートナーシップ政策のなかで，新たな位置づけを与えられたのである。

さらに自治体の近代化を進め，パートナーシップによる地域諸主体を重視する傾向は，1997年に成立したブレア労働党政権で一段と強化された。サッチャー政権が自治体権限を民間に移管することで，自治体機能の縮小をはかろうとしたのに対して，ブレア政権では政府から自治体への権限委譲を進めながら，その運営の近代化，説明責任の強化を強調した点に大きな特徴がある。つまり自治体が努力しなければその機能を縮小させ，民間企業やボランタリー組織に権限を移管するということであり，公共サービスをめぐる競争状態に，自治体，市場セクター，ボランタリー・セクターが並列に置かれたことを意味した。そして98年にはイングランドにおける政府とボランタリー・セクターおよびコミュニティ・セクターとの関係について「コンパクト」(Compact) という協定が結ばれた。これは法的拘束力はないが，中央政府とボランタリー・セクターやコミュニティ・セクターがお互いの役割と意義に合意した協定である。

3 都市再生に取り組む社会的企業

●まちづくりトラストとは何か？

社会的企業とは何か？

イギリスでは都市政策の転換に伴って，1990年代からコミュニティ開発やまちづくりに取り組んできたボランタリー組織に大規模な政府資金が投入され，持続的・長期的に都市再生事業に取り組むことが求められるようになった。そこで多くのボランタリー組織は，「自律性」「独立性」「政治的交渉力」「ネットワーク化」をめざして，旺盛な企業家精神と社会的目的を併せもつ社会的企業へと展開するようになる。

通商産業省（DTI）によると，社会的企業とは，「社会的目的をもち，株主の利潤を最大化させるというよりは，原則的に余剰をその事業かコミュニティに再投資し，社会変革をめざす事業」として定義される。これは利潤の最大化をめざす市場経済とは異なり，社会的目的を有しながら非営利の経済活動をおこなう「社会的経済」（social economy）と呼ばれる経済形態に基づいている（Column⑫参照）。また社会的企業の動きは，従来の私的セクターやボランタリー・セクターの枠には収まらず，また企業と同様に新しいビジネスの手法の開発に力を入れ，その利益を公益性の高いサービス供給に再投資するという意味で，政府や地方自治体のような役割を担うこともある。また社会的企業がメンバーに利益配分をおこなう組織を含むのに対して，利益還元をコミュニティに限定する活動を「コミュニティ企業」（community enterprise）として区別することもある。

社会的企業を支援する団体であるソーシャル・エンタープライズ・ロンドン（Social Enterprise London［2001］）によると，その組織形態には，①メンバーによる所有とサービス提供，メンバーによる相互扶助の組織である「協同組合」（co-operative）や，②従業員に株を取得させることで運営への参加意識を高め，労働への満足性や生産性を上げるための「従業員所有企業」（employee ownership），③障害を抱えたり，労働市場から排除された人を雇用・職業訓練するための事業をおこなう「ソーシャルファーム」（social firm），④メンバーによって所有・管理されている金

表 12-1　社会的企業とは何か？

<table>
<tr><th colspan="6">広義の社会的企業</th></tr>
<tr><td>市場セクター</td><td colspan="2">社会的
責任企業</td><td>社会的企業</td><td>チャリティ&
ボランタリー
セクター</td><td>政府</td></tr>
<tr><td colspan="4">企業・売上からの収入</td><td>補助金&
寄付金</td><td>税金</td></tr>
<tr><td colspan="2">私的目的</td><td colspan="3">社会的目的</td><td>政治的目的</td></tr>
<tr><td colspan="3">私的所有</td><td colspan="2">社会的所有</td><td>公的所有</td></tr>
</table>

（出所） Social Enterprise London [2001], *Introducing Social Enterprise.*

融協同組合であり，主に貧困地域におけるメンバーの経済的自立と相互扶助を目的とした「クレジット・ユニオン」(credit union)，⑤コミュニティによって形成・管理され，コミュニティのボランタリー組織・民間組織・公共組織の間のパートナーシップによって問題解決をめざす「まちづくりトラスト」(development trust)，⑥社会的に不利な立場に置かれた人びとのために，一定期間の雇用を保障し，トレーニングのプログラムを開発しながら労働市場に送り出す「労働市場媒介会社」(intermediate labour market companies)，⑦有限会社や株式会社の形態をとり，コミュニティにサービスを供給したり，収益をすべてコミュニティに還元する「ソーシャルビジネス」(social business)，⑧地域コミュニティによって設立され，管理・運営される事業組織で，貧困地域の活性化や地域住民のために雇用を創出する「コミュニティ・ビジネス」(community business) などがある。現在，イギリスでは福祉サービスや就労，都市再生の領域で社会的企業が急増し，2006 年度で全国 1 万 5000 社を超えて約 80 万人の雇用を創出している。

とりわけブレア政権は社会的企業の支援に力を入れており，2001 年には通商産業省に「社会的企業担当部」(social enterprise unit) を設置，02 年には社会的企業を推進するための政策『社会的企業——成功のための戦略』(Social Enterprise, a Strategy for Success) を策定するなど，主に失業や貧困などの社会的排除問題に対して社会的企業の役割に大きな期待を寄せている。04 年には，社会的企業のための「コミュニティ利益会社」(community interest company) という新しい法人格もできている。

都市再生を担う社会的企業：「まちづくりトラスト」とは何か？

社会的企業のなかでも，草の根レベルで都市再生やまちづくりに取り組んでいるのが「まちづくりトラスト」と呼ばれる団体である。まちづくりトラストのメンバーは，コミュニティ改善にこだわり，利益をすべてコミュニティに還元する「コミュニティ企業」として自らを定義している。

トラスト（信託組織）という組織形態は，チャリティ登録の申請を受けつけ，認定をおこなうチャリティ委員会という政府機関により，「チャリティ」(charity) として認められる団体の 1 つである。公益目的のために受託者が資産を所有し，管理運営する。資産運用のために有給スタッフを雇用し，80% 以上のまちづくりトラストは，株主がおらずすべての収益を公益活動に再投資する「有限保証会社」(a company limited by guarantee) の形態をとっている。

図 12-1　まちづくりトラストの概念図

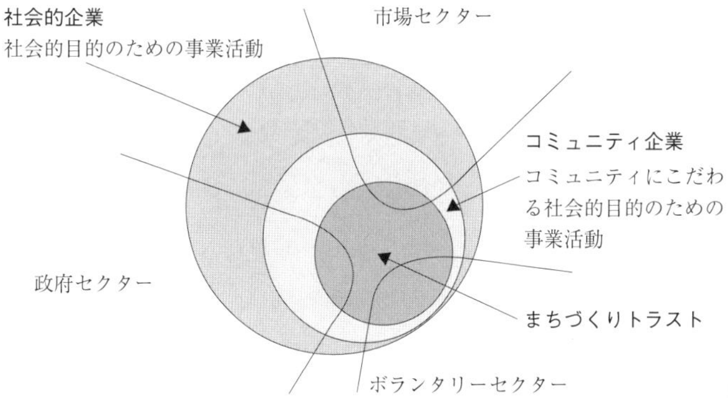

（出所）　Development Trust in 2005 Annual Membership Survey.

まちづくりトラストの活動は，1960年代末頃から民間不動産業者によっておこなわれた都市再開発への異議申し立て，インナーシティ問題への都市社会運動の1つとして開始された。しかしその後，スラムクリアランス・再開発から補修・都市再生へと都市政策が変化し，また福祉国家の財政危機により，都市再生の担い手が中央政府や自治体などの政府セクターから，新しい財源配分をとおした各セクターのパートナーシップ政策へと変化した。これによりまちづくりトラストの社会的位置づけも大きく変化し，抵抗運動だけでなく実践行為をとおして都市再生の担い手として重要な役割を担うようになっている。

一般的にまちづくりトラストとは次のように定義される。第1に，特定地域・コミュニティで，環境的，社会的改善に取り組み，財政的に「自律した運営」をめざす非営利組織である。第2に，社会的，環境向上，経済発展，コミュニティ発展などを目的として，政府セクター，市場セクター，ボランタリー・セクターが相互にパートナーシップ関係を取り結び，組織や個人などの広い範囲から支援を得ている。第3に，地域の人びとが運営に参加し，ある程度の収益を生み出しながら，それを社会的目的のために再投資する団体である。

2006年度現在，イングランド全土で400弱のまちづくりトラストが活動をしており，スコットランドがもっとも多い。全体収入年間約2億ポンドのうち，約7500万ポンドが，補助金，会費，寄付金のほか，建物や作業場などのアセット運営（asset management），委託事業，コンサルタントなどの自主事業からの収入である。大きな特徴となっているのは，約80％のまちづくりトラストが，建物や土地，施設などの地域資産を所有し，長期的な社会的・経済的・環境的利益を生み出すアセット（資産）運営に取り組んでいる点である。アセット運営は，行政からの寄贈，企業や個人からの寄贈，助成金に基づく事業，民間開発負担の事業などを契機として，アセットの管理・使用のみのケース，長期賃貸のケース，譲渡や購入により所有権をもつケースなどがある。建物が一般的なアセットのケースであるが，土地や施設をベースにしている場合もある。アセットはボランタリー組織の自律的運営を可能にする手法であり，日本でも導入する可能性が模索されている。

では次に具体的に2つの事例から，ボランタリー組織が社会的企業へと展開していくプロセスをみてみよう。

4 社会的企業の具体的展開

社会的企業が高速道路高架下を運営する？

まちづくりトラストのもっとも初期の活動組織は，1971年に設立されたロンドン西部の貧困地区ノースケンジントン地区で活動する「ウエストウェイまちづくりトラスト」(Westway Development Trust) である。この地域はロンドンでも有名なノッチング・ヒル・カーニバルなどが開催され，共同広場の開放要求など活発な住民運動が展開されてきた。ウエストウェイまちづくりトラストは，約12億円の事業収入をすべて自主事業でまかなうという財政的自立を遂げながら，市民による独自のサービス提供を可能にしている社会的企業である。

活動の始まりは，1960年代半ばの，ヨーロッパ最大の都市高速道路を，労働者住宅地域に建設するという計画に反対する住民運動であった。この地域は，貧困の北部ケンジントンと，豊かな南チェルシーという地域的格差があり，高速道路の建設は，さらに地域を分断し，住居を取り壊し，生活環境破壊などの危機をもたらす可能性をもっていた。これに対して地域住民は，行政案へのオルタナティブとして，道路高架下に子どもの遊び場や保育園などを建設する独自の計画案を提案し，区議会議員とともに激しい反対運動を繰り広げた。そして71年には貧困地区への公共投資に反対する区議会議員らが中心となり，まちづくり組織である「ノースケンジントン・アメニティトラスト」(North Kensington Amenity Trust) を設立した。そして新たに就任した事務局長と理事長が中心となり区議会と交渉した末，大ロンドン議会が強制収用した高架下の土地を，トラストが120年間の賃貸契約で借りることになった。ここからアセット運営によるまちづくり活動が大きく展開するようになる。事務局長を中心にトラストは，収益を目的とした営利事業に対して反対する住民を説得し，政府資金を獲得しながら保育所や託児所など施設を建設していった。それは営利事業によって利益を上げ（営利のための開発），それを非営利事業であるコミュニティ開発にまわしていく（コミュニティのための開発），いわば「事業内費用移転」（cross-subsidization）と呼ばれる手法であった。

そこでトラストでは，①高架下のスペースをショップ，工場，倉庫など事業収益を上げるテナントの収益部門，②地元NPO活動への低廉な場所貸し，地域福祉サービスの拠点づくり（コミュニティ施設）などの非収益部門，③スポーツ施設の運営（サッカー場，トレーニングジム，乗馬場）などの収益・非収益の中間部門，という3部門を混在させながら事業運営し，財政的自立をめざしてきた。とくにスポーツ施設からの収益は全収入の50％弱を占めており，安定的収入を得ると同時に，行政サービスの枠を越えた独自のサービス供給を可能にしている。そして1990年代，トラストは建物賃貸料やスポーツ施設利用料などから「財政的自立」を実現し，2002年には「ウエストウェイまちづくりトラスト」と改名し，地域で暮らす貧困者のために行政サービスの枠を超えた地域独自のサービス供給を展開している。

ウエストウェイまちづくりトラストは，道路高架下の土地や建物を使用して商業店舗やコミュニティに貸すというアセット運営によって財政的自立を実現し，そこから得た利益で貧困者のため

社会的企業による高架下の運営

のスポーツ施設や保育施設など，きめ細やかなサービス供給を可能にする社会的企業だといえる。

社会的企業が公共サービスを供給する

ロンドンの最貧困地域として有名なイースト・エンド（East End）を中心に，地域環境の改善に取り組んでいるのが，「環境トラスト」（The Environmental Trust）である。1979年に設立された環境トラストは，バングラデシュからの移民など社会的に排除されてきた人びとの生活環境の改善をめざす社会的企業で，自治体とパートナーシップを取り結びながら，土地と建物などのアセット運営によって安定的な財源を確保し，公共サービスを供給する役割を担っている。

そもそもの活動は，前述したウエストウェイまちづくりトラストの理事長を務めた人物によるイースト・エンドの貧困問題解決のための組織づくりから始まった。その後，現在の事務局長が環境教育や委託による公園整備，荒廃地の緑化等に取り組むようになる。しかし設立直後，サッチャー保守党政権による自治体への補助金削減は，区からの委託事業に依存してきた環境トラストを危機的状態に追い込んでいった。地域環境の改善という自らのミッションに基づき活動を継続するためには，財政的な自立が緊急を要する課題となった。ここで導入されたのが，非営利事業体の本体が，外づけの営利事業部門と呼ばれる事業体を本体の外部に設立し，そこで生じた利益を寄付という形で本体の非営利事業継続のために充当する「事業内費用移転」の手法であった。外づけ会社では，計画設計コンサルタントや建築と造園のコンサルなどをおこない，その収益を環境教育や再生可能なエネルギーに関する調査研究，市民活動団体の設立や支援などの非収益活動を支える財源にするというしくみである。

さらに不安定な公的資金に依存せず，財政的自立を確保するために，環境トラストは1980年代から公共的な建物や土地を取得，あるいは長期的に借り，その運営で収益を上げるアセット管理・運営に取り組むようになる。とりわけ行政が放置した土地に環境住宅を開発し，低価格で分譲したり，放棄された倉庫を長期リースで借りて，民間企業やチャリティ団体に貸すことで家賃収入を得るなどの運営に力を入れている。このようにアセット運営で収益を上げ，地域コミュニティの改善や再生事業に再投資するという活動により，環境トラストはボランタリー組織から社会的企業へと大きく転換していった。

そして1990年代に中央政府の都市再生資金が導入されるようになると，自治体とともにパートナーシップを形成し，地域住民組織との話し合いに基づき総事業費約50億円の大規模な公園開発事業を担っている。95年には環境省（当時）のガイダンスでも，公共施設や土地などアセットの寄贈と，収益を生むための不動産取得の重要性にふれ，ボランタリー組織にアセットを移転することが議論されている。つまり中央政府の都市再生政策のもとで，ボランタリー組織が対等なパートナーシップを取り結び，継続的活動をするためにアセットを取得するなどして，自立的な社会的企業へと展開する必要がでてきたのである。

環境トラストは安定的な活動財源を確保することで，市民活動団体に資金を融資する市民版銀行（Fair Finance）や，公園に隣接する放棄された民間施設をコミュニティ・カフェとして再建するトラスト（The Turk's Head）の設立支援など，情報提供や起業支援などを独自におこなう中間支援組織として活動を広げている。政府のパートナーシップ政策と地元密着型の社会的企業が，重層的かつ多種多様なネットワークを築き，地域資源の発見・活用というアセット運営によって，タワー・ハムレッツ区を対象に公共サービスを供給する主体として重要な役割を果たしている事例だといえる。

5 結　論

●社会的企業がつくりだす「新しい公共性」

イギリスでは，多くのボランタリー組織が社会的企業へと展開することで，住宅供給や公園管理まで，持続的な地域社会の公共サービス供給に大きな役割を果たすようになっている。社会的企業は，行政の補完ではなく，自立性を保ちながら既存の社会システムでは対応できない，あるいは切り捨てられる隙間のニーズを発見し，独自な手法で解決することをめざしている。

これまで福祉国家のもとでは，主に国家が中心となり公共性のあり方を決定してきた。公共事業などはその典型的な事例であろう。しかしポスト福祉国家体制においては公的領域が縮小し，政府セクター，市場セクター，ボランタリー・セクターがパートナーシップを形成しながら公共性を再編している。この章で見てきた社会的企業の場合も，行政や企業との役割分担のもとに，都市再生や福祉サービス供給などの公共的な課題に取り組んでいた。このようにパートナーシップによって形成される新しい「公共性」は，多くの議論をとおして地域社会から積み上げるものであり，地域の固有性と深く結びつきながら多様な形で現れている。

ボランタリー組織が行政や企業と対等なパートナーシップを結ぶためには，財政的にも，組織的にも自立することが求められる。とりわけ財政基盤が弱いと，行政の下請けになったり，営利追求に比重が置かれ，活動がミッションからかけ離れるというジレンマは，日本でも多くのNPOが抱えている問題だといえる。その意味で，社会的企業への転換は，営利性と非営利性のバランスのなかでミッションを追求し，ボランタリー組織が自律性・持続性を担保するための手法として理解できるものだといえる。

日本でも，地域の主婦が農産物でレストランを経営するというコミュニティ・ビジネスにより，行政の対象にならない山間部の地域福祉サービスを独自に供給している静岡県天竜市の「NPO法人夢未来」や，路上生活者の自立支援のために宿泊所を運営し，福祉事務所からの紹介により，生活保護の受給者を中心に居住福祉サービスを提供したり，就労支援型のグループホームを運営するなど，地域から排除される路上生活者を再び包摂するまちづくりに取り組む「NPO法人自立支援センターふるさとの会」の事例などがある。つまり市民の自発的なボランタリーな活動が，組織化や事業化を取り入れながらNPOへと展開し，さらには自主財源を確立しながら社会的企業として安定した財政基盤をめざしているのである。その過程でみられるのは，行政に頼るのではなく，地域住民らが自分たちで問題解決していく過程である。もちろんこうした活動を広げていくためには，税制上の優遇や法律整備など，社会制度的な基盤整備も欠かせないであろう。今後，日本でもアセット運営や事業内費用移転などの手法を取り入れ，ボランタリー組織が社会的企業へと転換していく可能性を模索することが重要な課題となるといえよう。

引用・参考文献

バラ，A. S. &ラペール，F.／福原宏幸・中村健吾監訳［2005］，『グローバル化と社会的排除――貧困と社会問題への新しいアプローチ』昭和堂。

ボルザガ，C. &ドゥフルニ，J. 編／内山哲朗ほか訳［2004］，『社会的企業――雇用・福祉の EU サードセクター』日本経済評論社。

ジョンソン，N.／青木郁夫・山本隆訳［1993］，『福祉国家のゆくえ――福祉多元主義の諸問題』法律文化社。

Kendall, J. & Knapp, M. [1996], *The Voluntary Sector in the UK*, Manchester University Press.

中川雄一郎［2005］，『社会的企業とコミュニティの再生――イギリスでの試みに学ぶ』大月書店。

西山志保［2006］，「イギリスの社会的企業による最貧困地域の都市再生――ロンドン・イーストエンドの『環境トラスト』にみる新たなコミュニティ・ガバナンスの展開」『都市問題』97（3）：100-08。

Social Enterprise London [2001], *Introducing Social Enterprise*.

白石克孝［2005］，「イギリスにおける地域政策の変遷とパートナーシップの意味変容」『NPM の検証――日本とヨーロッパ』136-64 頁。

谷本寛治編［2006］，『ソーシャル・エンタープライズ――社会的企業の台頭』中央経済社。

塚本一郎［2003］，「イギリスにおける社会的企業の台頭」『経営論集』50（3）：123-43。

Column ⑫ 社会的経済（social economy）

社会的経済（social economy）は，市場システムや国家システムが対応できない地域衰退や社会的排除の問題に対して，地域の連帯と協同的取り組みに基づく人間優先の経済活動として，1970年代からヨーロッパを中心に注目を集めるようになった。連帯経済や共同経済，ボランタリー経済と呼ばれることもある。そもそも社会的経済は，18世紀終わりごろにフランスで登場した概念で，社会的目的をもった自立組織で，行政からの独立，連帯と1人1票制を基礎とするメンバーの民主的参加を原則としている。一般的に協同組合，非営利組織，共済組合という組織の法的形態をとることが多く，NPOを中心に考えるアメリカの第3セクター論とは理解が異なる。1989年にはEC委員会（EUの前身）に社会的経済部局が設置されるなど，ヨーロッパでは経済だけでなく社会的・文化的側面にも大きな影響をもち，国レベルで独自の支援策が展開されている。とりわけ2000年代から，深刻化する失業や貧困などの社会的排除（social exclusion）に対する解決策としてEU委員会から多額の資金援助がおこなわれ，支援策が講じられるようになった。現在，社会的経済は，就業機会の創出や福祉サービスの供給など，地域社会に利益を還元する活動体として大きな役割を果たすようになっている。

深刻な社会的排除の問題を抱えるイギリスでは，社会的経済がGDPの5%を占めるまでに広がっており，その活動形態はコミュニティ・ビジネス，地域通貨，協同組合，まちづくりトラストなど，非常に多様である。近年では，社会的経済の一形態として，旺盛な企業家精神と強い使命感をあわせもつ社会的企業の動きが広がり，その数は全国1万5000社を超え約80万人の雇用を創出するまでに成長している。

日本社会でも地域問題の解決主体としてコミュニティ・ビジネスや社会的企業などに関心が集まっており，経済と社会との新たな関係を形成する社会的経済の基盤整備が求められている。

第13章 社会運動と福祉ボランティア

デイサービスセンター・ハナの会での在日1世ハルモニたちのレクリエーション活動（写真提供：NPO 神戸定住外国人支援センター）

1970年代の在日韓国・朝鮮人の就職差別・民族差別をめぐる異議申し立て活動，80年代の指紋押捺拒否運動という「新しい社会運動」の展開は，その後，在日高齢者の福祉課題に取り組む地域活動へ向かった。この地域活動の出発点は，2世，3世たちと1世との出会いである。在日2世，3世たちは，それらの出会いをとおして，1世の生活課題を発見し，1世をとおしての故郷を発見し，エスニック・アイデンティティの回復のきっかけを発見した。さらに，この地域福祉活動を制度的に後押ししたのは，2000年の介護保険制度の施行である。介護保険制度によって，従来の地域福祉から取り残されてきた在日高齢者が福祉事業の対象となることで，多くの在日2世，3世の福祉事業への参入が可能となる。この章では，在日の「新しい社会運動」の経験から広がっていった在日高齢者の福祉事業の展開を事例として取り上げ，その活動にかかわる在日2世，3世たち福祉ボランティアの役割について考えてみよう。

1 はじめに

●多文化共生とは？

> 多文化共生といったら，日本人と在日の共生のことと思うが，実際は違う。ハナの会では，1世と3世が出会う場をつくることをはじめから意図している。1世を“資源”と思っている。2世，3世たちは韓国に語学留学に行って，はじめて，“故郷”と向きあったと思っているが，それは間違っている。自分らが疎遠にしてきた1世たちが“故郷”そのものであることに気づいていない。海を渡ってきた1世たちの原点に敵うものはない。その1世に出会うことで，日本生まれの3世たちは自分たちの問題を解決できるんだと思う。だから，3世たちにとっては1世はものすごい“資源”なんです(2006年8月4日・ハナの会にて)。

冒頭に引用した文章は，神戸市・長田区で，在日韓国・朝鮮人高齢者のためのデイサービスセンター・ハナの会を運営しているNPO法人神戸定住外国人支援センター（以下，KFC）の理事長の言葉である。この言葉には，いつも，「共生」という言葉が権力をもっている側，社会保障（障害者年金，老齢年金など）を享受している側から発せられることへの違和感が表れている。そこには，はなっから，そのような持つものと持たないものの関係性のなかで「共生」ということばが生まれるはずがないという思いが込められている。逆にいえば，これらの言葉は，日本生まれの故郷を知らない在日韓国・朝鮮人2世，3世たちが，ハナの会のデイサービスで，言葉の通じない1世のハルモニに出会い，若い頃は植民地時代に教育機会を奪われ，年をとってからは国籍条項により年金制度から排除されるなど，彼女らが背負ってきた現実に向きあうことから多くのことを学び，1世たちが直面する生活問題に取り組むようになること，さらに，地域の外国籍住民たちと連帯するようになり，地域社会のなかで**多文化共生**のコーディネーターに育っていくことを，期待してのものだといえる。

この章では，1970年代に在日韓国・朝鮮人（以下，在日）が蒔いた「**新しい社会運動**」の小さな種が，その後，地域社会のなかで実りとなった事例として，KFCの活動を取り上げる。1995年の阪神・淡路大震災の被害が集中した地域，神戸市・長田区で，定住外国人の生活再建等の課題に取り組んでいるKFCの活動をとおして，定住外国人が集住する地域社会において，多文化共生のコーディネーターが福祉ボランティアとしてどのような役割を担うのかということについて論じる。

2 在日社会と「新しい社会運動」

「新しい社会運動」とは

最初に，ここでは，在日の「新しい社会運動」とは何だったのかについて振り返っておこう。そもそも，「新しい社会運動」とは，歴史的には，ヨーロッパにおけるマルクス主義の立場からの社会変革を目的とした階級闘争型の労働運動，労働組合運動などの「社会運動」を源流としながら，その後，1980年代に各国で広がったポスト産業社会の構造矛盾に抗する学生運動，女性解放運動，環境運動，文化運動，マイノリティ運動など，古典的なマルクス主義の階級闘争の枠から派生した社会変革を求める人びとの集合行動を指す（矢澤［2003］，16-17頁）。

このことを日本についていえば，1960年代以降，日本の市民運動は，すでに，ここで言う「新しい社会運動」の特徴をもっていた。従来の社会運動が革新政党の活動を背景とした平和運動，女性運動など市民社会のさまざまな制度の諸矛盾へ対抗するものであったのに対して，当時，新たに登場した「市民の運動」は，高度経済成長の豊かさがもたらした市民社会が，一方で公害問題，物価上昇問題，教育問題，保育所問題，高齢者問題などなど市民生活の「せっぱつまった」問題状況をつくりだしていることへの市民の気づきから生まれた運動であった（日高［1986］，126頁）。

それらのいわゆる生活問題には行政も労働組合も十分に取り組んではくれない。しかし，それらの生活問題を解決しなければ生きていけないような事態に自らが置かれることで，個々の市民自身が自己変革をもたらすような契機となる，そのような市民の運動が「新しい社会運動」の出発点にあったと指摘される（新原・牛山［2003］，140頁）。1980年代以降の市民運動は，まちづくり・環境保護運動，福祉・医療分野などのNPO活動に広がりを見せるなかで，自分たちの「せっぱつまった状況」への抵抗・告発型の運動から，多様な価値感を内包した「公共性」を担う自治・参加型の運動へと変化している（新原・牛山［2003］，159頁）。

1960～80年代の日本社会の変容と市民運動の変化のなかで，戦後，47年に「外国人登録令」によって登録義務が課せられていた旧植民地出身者は，新たに「外国人登録法」の対象者とされた。そして52年のサンフランシスコ条約が発効するに伴い「日本国籍を喪失」し，実体的な国籍ではなく，書類上の記号としての「朝鮮」籍となった1世とその子，孫となる在日韓国・朝鮮人2世・3世たちは，いまだ，日本社会において「市民」とみなされないなかで，どのような社会運動を展開していったのだろうか。

在日社会の社会運動の胎動期

戦後日本での在日朝鮮人の運動は，朝鮮半島の「南北分断」を背景に大きく変化していく。1955年に結成された在日本朝鮮人総連合会（以下，総連）は59年～84年の「帰国事業」に代表されるように，その後，共和国の建設をスローガンに展開していく。一方の，46年に結成した在日本大韓民国居留民団（以下，民団）の活動内容も，61年の「5・1軍事クーデター」による朴正熙軍事政権の樹立を背景に活動の中心をいわゆる「本国志向」へシフトしていく。だが一方で，70年代の韓国の民主化闘争のなかで民主化のシンボル的な詩人・金芝河氏の救援運動や金大中氏拉致事件などの真相究明をめざし民団から分裂した在日韓国青年同盟（韓青），在日韓国学生同盟（韓学同），韓国民主回復統一促進国民会議（韓民統）の運動もその後継続されていた（朴［1989］）。これらの運動は在日社会のアイデンティティを問う「新しい社会運動」の胎動期といえる。

その後，総連，民団の2大組織の活動が在日社会の生活実態から乖離していくなかで，日本生まれの在日2世，3世たちは「本名宣言」「指紋押捺拒否」など在日のアイデンティティを表出する行動の先に，社会的権利や政治的権利を求める権利擁護運動を展開していく。これらの運動は，先の「本国志向」に対して「在日志向」と位置づけられていく（李［2006］）。

在日と「新しい社会運動」

1970年代は在日韓国・朝鮮人の「新しい社会運動」の萌芽期といえる。この時代には，「日立就職差別裁判」の裁判闘争過程で，初めて，在日韓国・朝鮮人の「就職差別」の問題が日本社会のなかで社会問題として認識されるようになった。70年，日立製作所の就職採用の通知を受け取った朴鐘碩さんが韓国籍を理由に内定を取り消され，民族差別として訴えた。その後72年に最高裁で朴さん側が勝訴した。この「日立就職差別裁判」をきっかけに，在日韓国・朝鮮人と日本人支援者によりつくられた「朴君を囲む会」のメンバーを中心に，裁判勝利後の74年に結成された「民族差別と闘う連絡協議会」(以下，民闘連。95年以降，「在日コリアン人権協会」へ組織改編）の活動は，日本社会の就職差別，民族差別の実態を顕在化し異議申し立てするなかで，日本社会のさまざまな壁を打ち壊す運動として展開していく。

1970～80年代にかけて，民闘連や公立高校の教員たちが中心となった在日の就職差別・民族差別をめぐる異議申し立ては，地方自治体における職員採用試験の「国籍条項」の撤廃（くわしくは，岡・水野［1989］『外国人が公務員になったっていいじゃないかという本』を参照）や，80年代以降に全国的な広がりを見せた指紋押捺拒否運動など，在日のアイデンティティを問う「新しい社会運動」へと展開していったといえる。80年，新宿区役所で指紋押捺制度の不当性を訴え押捺を拒否した在日1世の韓宗碩さんのたった1人の拒否闘争が，その後，多くの支援者と一緒に裁判闘争へと展開していき，2000年には指紋押捺制度は全廃された(寺島［2004]）。

アイデンティティを問う社会運動

当時の指紋押捺拒否運動は，まさに日本社会のなかでの「承認をめぐる闘争」（成［2004］）として位置づけられる。ここでいう「承認をめぐる闘争」について，たとえば，成は，水俣病運動の解釈のなかで，「皆が同じ，どれもが同じという大衆消費社会の規範秩序に対して，そこから取り残されたマイノリティ（棄民）による承認をめぐる闘争」（成［2004］，55頁）とし，水俣病が奇病や伝染病でなく，まぎれもなく企業排水によってもたらされた公害であることの法的承認・社会的承認の獲得を求める社会運動であることを明示している。

同じ文脈からいえば，1980年代の在日の指紋押捺拒否運動も「承認をめぐる闘争」と位置づけられるだろう。当時，たった1人の在日1世の指紋押捺拒否の抵抗が，その後，外国人登録法の抜本的な改正を求める運動に拡大していくなかで，運動の当事者である在日2世，3世たちの小さな抵抗への気づきが地方公務員のなかで広がっていった。従来，外国人登録は国（法務省入国管理局登録課）の事務であるが，都道府県知事と市町村長の機関委任事務であるために，実際の指紋押捺の業務は，市区町村の窓口（外国人登録係）でおこなわれていた。当時，その現場で働く自治体職員たち自身が指紋押捺の不条理に気づき，その共振者へとなっていったのは自然の動きだった（寺島［2004］，172頁）。自治体の現場の気づきが，その後，日本全国の800を超える自治体会議（国に外登法改正を求めた決議提出）などの地方自治を守る闘いへと発展していった。

この指紋押捺拒否運動の広がりについて，当時の「川崎市の指紋押捺者を支える会・青丘社」の李仁夏氏は以下のように述べている。「押捺拒否運動に踏み込んでいる者たち，特に圧倒的多数を占めるのは，この二世・三世ですが，その真意を当局も日本社会も見誤っています。拒否しているのは法の不条理であって，日本社会そのものではありません。十六万の少年少女たちが指紋押捺を最初に求められ発する問いは，『日本人も押しますか』です。『押さない』と答えると，『私も押しません』といいます。これは極めてアイロニカルなことですが，かれらは日本社会を『拒否』しているのではなく，そこに『参加』することを求めているのです。その形式がラディカルなだけなのです。何故なら，ほかに突破口が見当らないからです」（李［1985］，14頁）。

すでに述べたように，1960年代の市民運動の原点が「せっぱつまった状況」への気づきであったように，在日の指紋押捺拒否運動も「外国人登録法」の法体制の不条理による「せっぱつまった状況」の当事者の気づきから始まり，それに共振する個々の市民自身が自己変革をもたらすような契機となる。さらにそこから進んで，その「せっぱつまった状況」の社会的・法的な変革を求め，日本社会の壁にぶつかって，鍛えられることで，自らのアイデンティティを問う「新しい社会運動」を展開していった。

「新しい社会運動」と地域活動

在日の「新しい社会運動」の動きは，1970年代の在日の就職差別・民族差別をめぐる異議申し立て活動や80年代の指紋押捺拒否運動の広がりから，企業や自治体との交渉過程における実践をとおして，在日の福祉的課題に取り組む地域活動へと向かう。日本生まれの2世，3世たちは，指紋押捺拒否運動のなかで，最初の指紋押捺拒否者の在日1世との出会いをとおして，1世を「発見」したと言える。ここでいう発見は「故郷」（文化的アイデンティティの回復）の発見であり，また，個々の1世たちの直面する深刻な「生活問題」（社会保障からの排除・福祉的課題）の発見でもあった。一方で，「市民社会」（運動の共振者）を新たに発見する。それらの発見は2世，3世らの活動の方向を示していた。すなわち，そこには企業における就職差別の是正と研修事業，地方公務員採用の「国籍条項」の撤廃，公営住居の国籍条項の撤廃，自治体独自の無年金の在日外国人障害者への給付金制度の実施などをめぐる交渉と実践があったのである。たとえば，その後，民闘連の活動は，大阪では在日コリアン・マイノリティ研究センターを発足させ，同センターが1997年に八尾市でスタートした高齢者の給食サービスが2000年にはデイサービス事業へ発展し，NPO法人在日コリアン高齢者支援センター・サンボラム（生きがいの意味）を開設するようになる。さらに，NPO在日コリアン高齢者福祉をすすめる会大阪，在日外国人高齢者のための支援センター・パダ（ふれあいサロン，デイサービス，ホームヘルプサービス，障害者作業所）や，NPO京都コリアン生活センター・エルファなどとして各地で実を結んでいく。

一方で，在日の集住地域では，夜間学校の識字学級に通う在日高齢者の非識字問題・無年金問題へ取り組む公立学校の教師や地域の教会を中心に，在日高齢者の生活課題への“気づき”を原点とした福祉活動も盛んとなっていく。たとえば，1972年から始まった大阪の夜間中学校での在日高齢者の識字学級「ウリソダン」（私たちの寺小屋の意味）づくりの運動が，のちに街かどデイハウス「さらんばん」へと活動を広げていった。また，同じように，88年に開設された川崎市青丘社「ふれあい館」の識字学級から在日高齢者交流クラブ「トラジ会」が発足し，のちに通所施設「はな」や障害者グループホーム「虹のホーム」の開設となっていった（NPO 法人神戸定住外国人支援センター編［2005］）。

これらの活動を後押ししたのが，1998 年の「特定非営利活動促進法」（以下，NPO 法）の成立と 2000 年の介護保険制度のスタートである。これらの団体にとって，NPO 法人格の取得は，在日の就職差別・民族差別への異議申し立ての運動から出発した地域福祉活動が社会的な認知を得るための過程で大きな役割を演じた。また，介護保険制度は，従来の福祉政策から取りこぼされてきた在日 1 世たちが，初めて福祉サービスの対象となることで，多くの在日 2 世・3 世の福祉事業への参入のきっかけをつくったといわれる。

それまでは，在日高齢者は，地域の高齢者福祉施設を利用しようとしても，地域福祉の情報が入手できなかった。在日の多くは，自営業者であるため家庭内での高齢の親のケアが不十分であり，また，福祉委員や民生委員が日本人であることから，どうしても，在日高齢者がその地域の福祉のネットワークに引っかかれない実情がある。また高齢者施設では，日本食の配食メニュー，日本文化を基本としたレクリエーション活動など生活習慣の違いへの配慮不足などによって，在日高齢者は地域福祉から取り残されてきた。介護保険制度は，そのような在日高齢者の生活問題に在日 2 世・3 世たちが取り組むうえで制度的な後押しとなった。

次節では，具体的に，在日 2 世・3 世が取り組む在日高齢者を対象とした地域活動の事例をとおして，多文化共生の社会運動の意味を考えてみよう。

3 多文化共生の社会運動

阪神・淡路大震災と定住外国人

1995年1月17日午前5時46分，淡路島北部を震源としたマグニチュード7.2，震度7の阪神・淡路大震災と呼ばれるようになる兵庫県南部地震が阪神都市圏を直撃した。この地震による兵庫県の被害は甚大なものであった。とくに，地震の被害は長田区などのいわゆるインナーエリアに集中した。実際，地震直後の長田区では7119棟の家屋が全焼し，337棟が半焼，死者数の4割を70歳代が占めた（神戸大学〈震災研究会〉編［1995］）。長田区は，震災前から神戸市内でもっとも高齢化率が高く（16.4%），独居老人数も多く（5059人），生活保護世帯数（3685世帯）も多いことが指摘されていた（国勢調査1990年データより）。このような地域特性は地震直後の被害の大きさや，その後の地域の生活再建にも影響を与えた。

震災後の地域の復興計画は，新長田駅南部の大規模な事業計画に代表されるような超高層建築の開発を中心とした市街地再開発事業・土地区画整理事業であったために，その後，震災で焼失・倒壊した町並みが徐々に再建されるなかで，住宅を失った独居高齢者や低所得者の多くは他地区の復興住宅への転居を余儀なくされ，元の地域での生活再建は困難となっていった。このことは地域人口の変動に如実に示される。震災の被害の大きかった地域のうち，東灘区，中央区などが，その後徐々に人口が増加に転じるなかで，長田区では人口減少が続いている（表13-1を参照）。

表 13-1　神戸市の人口（1990～2005 年）

	1995.1 震災直前 (a)	1995.1	2000.1	2005.10 (b)	震災直前との比較	
					増減(b－a)	比較(b/a)
全市	1,520,365	1,423,792	1,493,398	1,525,389	5,024	100.3%
東灘区	191,716	157,599	191,309	206,041	14,325	107.5%
灘区	124,538	97,473	120,518	128,048	3,510	102.8%
中央区	111,195	103,711	107,982	116,602	5,407	104.9%
兵庫区	117,558	98,856	106,897	106,987	△ 10,571	91.0%
北区	217,166	230.473	225,184	225,940	8,774	104.0%
長田区	129,978	96,807	105,464	103,771	△ 26,207	79.8%
須磨区	188,949	176,507	174,056	171,629	△ 17,320	90.8%
垂水区	237,735	240,203	226,230	222,725	△ 15,010	93.7%
西区	201,530	222,163	235,758	243,646	42,116	120.9%

（注）1　1995 年震災直前のデータは神戸市の推計。2005 年度の国勢調査は市単独の集計の概数。
　　　2　各年度の「国勢調査」データより作成。
（出所）神戸市復興・活性化推進懇談会［2004］，神戸市［2006］より作成。

一方，震災前の長田区は地域産業であるケミカルシューズに従事する外国籍住民の多い地域であったが，国籍別の外国人登録人口（1 万 382 人）の内訳を見ると，「韓国・朝鮮」籍が 9282 人，「中国」籍が 503 人，「ベトナム」籍が 478 人の順となっており，区内人口の約 10％ が外国人居住者であった（神戸市［1994］）。震災後は地区住民同様に外国籍住民の減少も続いており，とくに，「韓国・朝鮮」籍は震災前にくらべて 2869 人（△30. 9％）と減少が著しい（表 13-2 参照）。

在日 1 世の高齢者への希薄な支援

以上のような地域特性を背景に，地震直後から長田区では医療 NGO・AMDA（アジア医師連絡協議会），SVA（曹洞宗国際ボランティア会），YMCA，ピースボートなど多様なボランティア団体が活動をおこなっていた（山下・菅［2002］）。しかし，

表 13-2　長田区の外国人登録人口の変化

国籍	1994.3 人数(a)	%	2006.3 人数(b)	%	震災直前との比較 増減	比率(%)
韓国・朝鮮	9,286	89.4	6,417	81.8	△ 2,869	69.1
ベトナム	478	4.6	720	9.2	242	150.6
中国	503	4.8	489	6.2	△ 14	97.2
その他	115	1.2	218	2.8	103	189.6
外国人登録人口合計	10,382	100.0	7,844	100.0	△ 2,538	75.6

（注）　各年度の 3 月の外国人登録人口。
（出所）　神戸市総務局，市民参画推進局調べより。

地域の生活再建の段階で，仮設住宅や復興住宅などに入居した高齢者支援の活動が盛んであった一方で，在日 1 世の高齢者を対象とした支援は希薄であった。

震災前まで長田区に住んでいた在日 1 世たちの多くは，木造長屋住宅でケミカルシューズ産業の下請け内職（ミシン貼り子など）を長年しながら子どもたちを育ててきたハルモニたち（おばあさんたち）である。地震後，彼女らは長年住み慣れた家と近隣関係をすべて失い，他区の復興住宅や子どもの家などでの生活を余儀なくされた。そのような居場所を失った在日高齢者のための食事会から始まった「ハナの会」の活動（1999 年～）は，のちにデイサービス事業（2005 年）に発展するなかで，在日高齢者の居場所づくりから「生活向上のための社会運動」へ向かうようになる。

在日高齢者の生活向上のための社会運動

震災直後から長田区内の定住外国人支援をおこなってきた「兵庫県定住外国人生活復興センター」（在日コリアン人権協会のメンバー等により発足）と「被災ベトナム人救援連絡会」が 1997 年に統合し，「神戸定住外国人支援センター」（以下，KFC）

を設立する。KFCは，「地域で暮らす多様な文化背景を持つ人々が『ともに生きる』ことができる社会に向け，活動する」（KFCパンフレットより抜粋）ことを目的に，震災直後から被災コミュニティの再生プロジェクト（地域産業の復興とエスニック・コミュニティの再建）にかかわる一方で，地域のなかで孤立している被災ベトナム人の問題（入居差別・賃金不払いの相談，ベトナム語による医療・健康相談，日本語教室など），在日高齢者の問題（独居高齢者のケア問題）に取り組んでいた（文［2000］，72頁）。このKFCの1999年の北米STUDYの経験が「KOBEハナの会」のきっかけとなる（NPO法人神戸定住外国人支援センター［1999］）。当時，在日3世のスタッフらは，アメリカ・サンフランシスコの日系人会館でおこなわれた，日系高齢者と一緒に日本食や花笠音頭などを楽しんだりするプログラムに参加する。そこで，プログラムをコーディネートしていた日系3世たちが，日系1世たちとの出会いをとおして**エスニック・アイデンティティの回復**をめざすというプロジェクトを知る。これがヒントとなり，日本に戻ってきた在日3世のスタッフらは，震災で帰る家と町を失った長田の在日高齢者の居場所づくりとして，公民館を借りての識字学級，ハルモニを囲んでの食事会をスタートした（金［2006］）。

その後，2003年にKFCと「KOBEハナの会」が統合し「KFCハナの会」となり，04年にはKFCがNPO法人格を取得し，05年には介護保険の認定を受け，デイサービス事業所を開設する。2005年現在の「ハナの会」の利用者は50名ほどであるが，長田区だけでなく，兵庫区，須磨区（北エリア），垂水区，中央区，灘区，西区など6区に送迎バスを走らせている。新長田駅前の再開発ビルに事業所を構えたのは，震災で転出したハルモニたちが長田の「トンネ（町内・界隈の意味）」に戻ってきて楽しく過ごしてもらいたいという思いからである。昼食後のレクレーション・プログラムにあるカラオケでは，日本の演歌に見向きもしなかった93歳のハルモニが，アリランやトラジの朝鮮語の節が流れると，突然，立ち上がり踊り出す。ここを訪れるヘルパーやボランティアの在日3世たちはそのようなハルモニたちに魅力を感じるという。

エスニック・アイデンティティの回復と福祉ボランティア

ハナの会の理事長いわく，70歳代以上の1世たちは「故郷」の魅力をもっているから，2世，3世たちは高齢者を見守ることにエスニック・アイデンティティの回復のきっかけを見いだすという。しかし，50～60歳代の在日2世たちは次世代に継承する「故郷」をもちあわせていないために，在日社会の高齢化問題はこれからの課題だという。次世代の多文化共生のコーディネーターの育成が急務になっている。

現在のKFCの事業内容を見ると，「外国人（マイノリティ）の子どもの教育支援」として日本語の学習支援や外国人の保護者と地域の交流活動，日本語ボランティア育成などをおこなう一方で「在日マイノリティ高齢者の生活向上のための社会運動」として，在日高齢者を対象としたデイサービスセンター・ハナの会活動のほかに，介護保険を利用していない高齢者を対象とした昼食会の実施，また，コミュニケーション・サポーター派遣のコーディネーター事業（介護保険の認定調査やケアプラン作成の際の通訳サポーター育成と派遣。神戸市の委託事業），「地域国際化を考える研修会」（兵庫県国際交流協会，兵庫県と共催），「生活相談事業」（エスニック・マイノリティ対象），「エスニック・スモールビジネス起業支援」（起業希望の外国人の相談業務），「人権擁護のための活動」（外国人，マイノリティの人権侵害への相談対応）などをおこなっている。KFC はこれらの事業をとおして，長田地域の在日高齢者のサポートだけでなく，震災で失われた「コミュニティの再生」を目的とした「社会運動の事業化」を模索している。ここでいう「コミュニティの再生」は，震災前のコミュニティの復興を意味するのではなく，震災の経験を出発点にした日本人住民と外国籍住民とが新たに築いていく関係性，在日 1 世と 2 世，3 世たちが築いていく関係性のなかで実践される社会運動の先に見いだされるものである。そのために，KFC では，「2006 年度の事業計画」の概要で紹介しているように「①外国人（マイノリティ）と日本人（マジョリティ）が共生するために真に必要なニーズを把握する。②マイノリティとマジョリティが共生するための活動を自立的，持続可能な事業として展開する。③事業推進にあたりマイノリティ当事者の参画を期する」（NPO 法人神戸定住外国人支援センター［2006］）とし，在日高齢者の居場所づくり事業が食事会からデイサービス事業へ向かったように，「共生」のための活動を事業として持続していくための社会運動の事業化をめざしている。

最後に，ここで言う「社会運動の事業化」とは，けっして，行政の受け皿としての事業や市場論理による事業化を指すのではない。それは，在日の 1970 年代に遡る「新しい社会運動」の経験から出発した**マイノリティの社会参加**への取り組みのなかで，福祉サービス・事業から取り残されていた在日高齢者の生活課題への気づき，マイノリティの気づきから出発した福祉事業を指す。開設当初は，在日高齢者のための居場所づくりだったデイサービスセンター・ハナの会でも，最近では，震災後に他地区へ転出した日本人高齢者が，在日1世高齢者と連れだって来所し，「ここに来ると，長田に戻ってきたみたい，安心できる」と利用するケースも出てきている。いま，デイサービスセンター・ハナの会では，従来の福祉サービスから取り残されてきた在日1世だけでなく，震災後の復興計画から取り残されている日本人高齢者をカバーするような福祉事業からコミュニティの再生をめざしている。一方で，ハナの会の活動にかかわる在日2世，3世，地元日本人の介護福祉士，看護師，ボランティアは，単に，高齢者を一方的にサポートしているのではない。ここでの活動をとおして，日本人と在日との「共に生きる意味」を確認しているのである。とりわけ，在日3世たちは，戦前戦後の困難な時代を生き抜いてきた在日1世との出会いのなかで，エスニック・マイノリティとしてのアイデンティティを回復し，多文化共生のコーディネーターとしての役割を担う自己変革のきっかけとなる福祉ボランティア活動にかかわっているのである。

引用・参考文献

日高六郎［1986］,「市民社会と社会運動」似田貝香門ほか編『リーディングス日本の社会学10 社会運動』東京大学出版会。

金宣吉［2006］,「在日外国人の高齢者福祉の現状と課題」『月刊 地域と人権』No. 266。

神戸市［1994］,『神戸市統計書』。

――――［2006］,『第82回神戸市統計書』平成17年度版。

神戸市復興・活性化推進懇談会［2004］,『平成15年度復興の総括・検証報告書』。

神戸大学〈震災研究会〉編［1995］,『阪神大震災研究Ⅰ――大震災100日の奇跡』神戸新聞総合出版センター。

李仁夏［1985］,「市民的不服従としての指紋押捺拒否」民族差別と闘う関東交流集会実行委員会編『指紋押捺拒否者への「脅迫状」を読む』明石書店。
李恩子［2006］,「七〇年代の抵抗文化が残したもの――在日朝鮮人社会運動史一断章, コミュニティの経験から」『季刊 前夜』7号。
文貞實［2000］,「震災とエスニシティ――神戸市長田のケミカルシューズ産業の再生と共生のまちづくり」地域社会学会編『生活・公共性と地域形成』地域社会学会年報第12集, ハーベスト社。
新原道信・牛山久仁彦［2003］,「市民運動の多様性」矢澤修次郎編『講座社会学15 社会運動』東京大学出版会。
NPO法人神戸定住外国人支援センター［1999］,『アメリカにも友だちがいてよかった！ ～KFC北米STUDY TOUR報告』。
――――［2003］,『在日コリアン高齢者のためのケアガイドブック』。
――――［1997-2006］,「KFC-News」No. 1-74。
――――［2006］,「2006年度通常総会議案書」(資料集)。
――――編［2005］,『在日マイノリティ高齢者の生活権』在日マイノリティスターディーズⅢ, 新幹社。
岡義昭・水野精之［1989］,『外国人が公務員になったっていいじゃないかという本』径書房。
朴慶植［1989］,「在日朝鮮人運動史の視点」朴慶植ほか『体験で語る解放後の在日朝鮮人運動』神戸学生・青年センター出版部。
成元哲［2004］,「なぜ人は社会運動に関わるのか」大畑裕嗣ほか編『社会運動の社会学』有斐閣。
寺島俊穂［2004］,『市民的不服従』風行社。
山下祐介・菅磨志保［2002］,『震災ボランティアの社会学――「ボランティア＝NPO」社会の可能性』ミネルヴァ書房。
矢澤修次郎［2003］,「総論　社会運動研究の現状と課題」矢澤修次郎編『講座社会学15 社会運動』東京大学出版会。
在日コリアン人権協会 http://www.koreanshr.jp

Column ⑬ ちょいボラ

数年前に，テレビで流されていた公共広告機構のCMに「ちょいボラ」というものがあった。若者たちが点字ブロックの上に駐輪している自転車をどかしたり，くず箱からはみ出たゴミを拾ったり，お年寄りにやさしく接したりなどなど。おそらく，このCM制作者は，ボランティア・スピリッツとは「一日一善」のために「ちょいちょいボランティアする」「ちょっとボランティアする」ことだと訴えたかったのかもしれない。本来のボランティア・スピリッツが，ボランティアの語源にある「自発性」「自由意志」を形にするような持続的な「行動」に付随するものだとしたら，このCMの内容は，あまりにもそこからズレているように思われる。政府が「ちょっとした善意」を国民全体に求めるような独善的なCM内容はボランティア・スピリッツとはいえない。今日，私たちは他者の痛みや悲しみ，怒りに愚鈍すぎる。災害の被害者，無年金の高齢者，公民権のない外国籍住民，ワーキングプアや路上生活する人びと，さまざまな困難にさらされた他者の小さな痛みや悲しみ，寄る辺のなき怒りが私たちに訴えかけ，私たちに異議申し立てをすることに気づく瞬間，私たちがそこに共振するために，どのような「行動」をとるべきなのかを考えなければならない。私たちのその「行動」がたとえ小さな「行動」であっても，それを継続していく先に，他者との関係性が再構築され，私たちの社会の可能性が新たに生まれる，そのような「行動」を現代社会のボランティア・スピリッツと呼ぶべきなのではないだろうか。

だから，「ちょいボラ」とは，「一日一善」のための「ちょいちょいボランティアする」「ちょっとボランティアする」なのではなく，他者の苦しみや怒りを発見し，共振し，小さな一歩を踏み出すような「ちょっとした気づき」を前提にした「ボランティア」を示す言葉にならなければと思う。

読書案内

①金子郁容『ボランティア――もうひとつの情報社会』岩波新書，1992年。

「ボランティアとは何か」という問いに，関係性の形成という観点から，実践的かつ理論的に答えることを意図し，バルネラブル（傷つきやすい）をキーワードとして解き明かしていく。日本のボランティア運動に最初の指針を示した書とも評されるように必読書である。

②内海成治・入江幸男・水野義之編『ボランティア学を学ぶ人のために』世界思想社，1999年。

ボランティアの思想・歴史，組織運営，さらに災害救援，社会福祉，開発支援等多岐にわたるボランティア活動について，現状・課題・展望等を総合的に論じている。理論と実践にわたってボランティアの基本的知識を得られる内容となっている。

③渋川智明『福祉NPO――地域を支える市民起業』岩波新書，2001年。

地域に密着した福祉サービスの担い手としての福祉NPOが，ニーズに添って多様に展開している現状を，事例に基づいてそのしくみや役割をわかりやすく紹介している。行政との関係や財政問題など福祉NPOの課題についても論じられている。

④朝倉美江『生活福祉と生活協同組合福祉――福祉NPOの可能性』同時代社，2002年。

社会福祉という分野のなかに生活福祉という領域を位置づけたうえで，市民による生活問題の解決の方法，福祉コミュニティの形成の方法論を，「支え，支えられる」という相互支援関係と生活協同組織の形成という方法に求め，実態調査をもとにその可能性を論じている。

⑤**興梠寛『希望への力――地球市民社会の「ボランティア学」』**光生館，2003年。

ボランティア活動を共生の時代を開拓するための「希望への力」と位置づけ，ボランティアの思想，歴史，実態，具体的な活動方法にわたって幅広く論じている。とくに若者，学生ボランティアへの期待とともに国際的・実践的な視点から論じられている。

⑥**川口清史・田尾雅夫・新川達郎編『よくわかるNPO・ボランティア』**ミネルヴァ書房，2005年。

NPO，ボランティアに関するキーワードを，その位置づけを明確にしながらわかりやすく解説している。NPO・ボランティアに関する理論，実践，課題，国際的動向などが幅広く紹介されており，基礎的な知識を得るには格好の概説書である。

⑦**広井良典『持続可能な福祉社会――「もうひとつの日本」の構想』**ちくま新書，2006年。

経済成長という目標ではなく，個人の生活保障と分配の公正，さらには環境保護に軸足を据えた個人と個人とをつなぐ「新しいコミュニティ」を志向する社会として「持続可能な福祉社会」の全体像を理論的に提示している。

⑧**岡本榮一・菅井直也・妻鹿ふみ子編『学生のためのボランティア論』**大阪ボランティア協会，2006年。

ボランティアを「なぜするのか」「どのようにするのか」という観点に立ち，ボランティアの本質から具体的活動に至るまで論じ，身近なボランティア観が形成できるように編まれたテキスト。基礎編（動機・理念・思想など）と展開編（活動の手がかりや方法）で構成されている。

⑨西山志保『ボランティア活動の論理——ボランタリズムとサブシステンス』（改訂版）東信堂，2007年。

阪神・淡路大震災時救援活動の調査をもとに，他者の「生」を支えるボランタリーという行為がどのように成立し，どのような社会的意味をもち，その行為からいかなる社会が切りひらかれるのかをサブシステンス（根源的な生の支えあい）という視座から検討する。改定版には「市民活動の国際比較研究」が加えられている。

⑩桜井政成『ボランティアマネジメント——自発的行為の組織化戦略』 ミネルヴァ書房，2007年。

ボランティアという人的資源の活用手法であるボランティアマネジメントについて論じた書。ボランティアの組織行動の主要なテーマを理論的に論じた第1部，ボランティアマネジメントの具体的な課題に即して論じた第2部，3カ所の実践例を紹介した第3部の3部構成からなる。

索　引

あ 行

か 行

さ　行

た　行

な　行

は　行

ま　行

や　行

ら　行

わ　行

福祉ボランティア論

Volunteering in Human Services

ARMA
有斐閣アルマ

2007年9月30日　初版第1刷発行
2020年4月10日　初版第5刷発行

編　者　三本松政之
　　　　朝倉美江
発行者　江草貞治
発行所　株式会社 有斐閣
郵便番号 101-0051
東京都千代田区神田神保町 2-17
電話(03)3264-1315〔編集〕
(03)3265-6811〔営業〕
http://www.yuhikaku.co.jp/

印刷　大日本法令印刷株式会社・製本　大口製本印刷株式会社

ISBN978-4-641-12332-8